für Salomé

Als Colombe Schneck, erfolgreiche Autorin aus Paris, eine Tochter zur Welt bringt, erinnert sie sich an den Wunsch ihrer verstorbenen Mutter, dem Mädchen den Namen Salomé zu geben – »Salomé, meine Cousine, von der nichts geblieben ist«. Sie weiß, dass sich Salomés Spur 1943 in Auschwitz verliert. Mehr weiß sie nicht, darüber wurde nie gesprochen. Und doch schwebt dieser dunkle Teil der Vergangenheit immer über ihr, begleitet Colombe Schneck als Kind und als erwachsene Frau. Als sie nach der Geburt ihrer Tochter starke Ängste plagen, beginnt sie, sich mit ihrer Familiengeschichte auseinanderzusetzen, und stößt auf ein schweres Erbe.

Colombe Schneck hat an einer der renommiertesten Hochschulen in Paris Politik studiert und arbeitet als Journalistin. Ihre Bücher wurden in Frankreich mehrfach ausgezeichnet. »Die Erschütterung «ist ihr persönlichstes Buch, in dem sie die Geschichte ihrer Familie während des Holocausts verarbeitet.

Colombe Schneck

Die Erschütterung

Aus dem Französischen
von Uli Wittmann

btb

Die französische Originalausgabe erschien 2012 unter dem Titel »La réparation« bei Éditions Grasset & Fasquelle, Paris.

MIX
Papier aus verantwortungsvollen Quellen
FSC® C014496

Verlagsgruppe Random House FSC® N001967

1. Auflage
Genehmigte Taschenbuchausgabe September 2018

Neumarkter Str. 28, 81673 München
Covergestaltung: semper smile, München
nach einer Idee von © Éditions Grasset & Fasquelle, 2012
Covermotiv: © Vim/ABACAPRESS.COM
Die Fotografien im Innenteil stammen
aus dem Familienarchiv der Autorin.
Druck und Einband: GGP Media GmbH, Pößneck
AH · Herstellung: sc
Printed in Germany
ISBN 978-3-442-71606-7

www.btb-verlag.de
www.facebook.com/btbverlag

»Man ist niemandes Opfer mehr, nicht einmal
das der Willkür, des Schlimmsten oder dessen,
was das Leben zerstört, wenn man etwas mit seinen
eigenen Worten beschreibt.«

David Grossman, *Écrire, écrire, pourquoi ?*

»Das Leben eines jeden von uns ist nicht nur eine
Bemühung zu lieben. Es ist der einzige Versuch.«

Pascal Quignard, *Vie secrète*

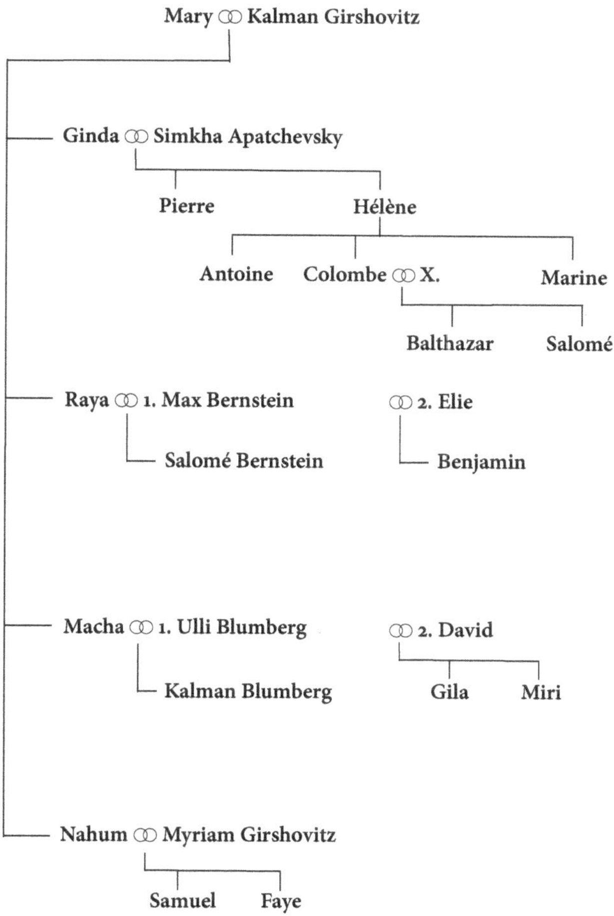
Mary ⚭ Kalman Girshovitz
Ginda ⚭ Simkha Apatchevsky
Pierre
Hélène
Antoine
Colombe ⚭ X.
Marine
Balthazar
Salomé
Raya ⚭ 1. Max Bernstein
⚭ 2. Elie
Salomé Bernstein
Benjamin
Macha ⚭ 1. Ulli Blumberg
⚭ 2. David
Kalman Blumberg
Gila
Miri
Nahum ⚭ Myriam Girshovitz
Samuel
Faye

Mary und ihre beiden Enkelkinder Salomé und Kalman wurden bei der Selektion vom 26. Oktober 1943 ausgesondert. Wenige Tage später wurden sie in Auschwitz vergast.

An jenem 26. Oktober 1943 vereinigte meine Urgroßmutter Mary mit einem Schritt das Leben und den Tod, die heutigen Lebenden und Auschwitz. All das habe ich erst vor kurzem erfahren.

Dabei hatte mich meine Mutter Hélène aufgefordert ihr zuzuhören.

Als ich schwanger war, hatte sie mich um einen Gefallen gebeten, der ihr am Herzen zu liegen schien: »Könntest du dem Kind, falls es ein Mädchen wird, Salomé als zweiten Namen geben? So hieß meine Cousine, von der nichts übrig geblieben ist.« Es war das erste Mal, dass ich den Vornamen Salomé hörte.

Ich habe ihr keine Fragen gestellt und nur gleichgültig geantwortet: »Warum nicht?« Als sei das nicht so wichtig. Mein Sohn wurde geboren, meine Mutter ist gestorben, und ich habe ihre Bitte vergessen. Hélène hat in einer Welt gelebt, in der einige überlebt haben und die anderen tot sind. Diese Welt war mir in meiner Naivität unbekannt.

2003, zwei Jahre nach dem Tod meiner Mutter, wurde meine Tochter geboren. Ich habe sie Salomé genannt, weil mir eine Freundin zu diesem Namen geraten hatte: »Findest du nicht, dass das ein schöner Vorname ist?« Erst dann habe ich mich fast wie durch einen Zufall an den Wunsch meiner Mutter erinnert. Salomé kam zur Welt und ich hatte plötzlich panische Angst. Wie würde ich weiterleben können, wenn auch meine Tochter sterben sollte?

Als Salomé ihre erste Nacht zu Hause verbrachte, schlief ich gleich ein und wachte sehr bald nach einem ersten Albtraum wieder auf. Ein Anruf meiner Mutter. Unmöglich, sie lebt nicht mehr, das weiß ich, sagte ich immer wieder zu mir im Schlaf, doch sie lässt nicht locker, schließlich gehe ich ans Telefon. Endlich kann ich ihr sagen, dass Salomé zur Welt gekommen ist. Darüber wird sie sich sehr freuen. Doch sie legt auf. Ich habe keine Chance, mit ihr zu sprechen.

Ich wache auf, bin wie benommen und schlafe gleich wieder ein. Diesmal sind es bärtige Männer, mit Messern bewaffnet. Sie versuchen das Fenster zu Salomés Zimmer zu öffnen. Ich stoße sie zurück, schließe das Fenster. Sie verschwinden. Ich wache auf, ohne etwas zu begreifen.

Salomé Bernstein, deren schönen Vornamen meine Tochter trägt, war die Tochter von Raya, der Schwester von Ginda, meiner Großmutter mütterlicherseits.

Meine Großmutter Ginda wurde 1908 in einer liebevollen, gebildeten jüdischen Familie in Litauen geboren. Sie hatte zwei Schwestern, Raya und Macha, und einen Bruder, Nahum, die alle drei in Litauen geblieben sind, während Ginda 1926 beschloss, nach Frankreich auszuwandern, um dort zu studieren. In Paris hat sie einen Arzt, der aus Russland stammte, geheiratet, meine Mutter Hélène wurde geboren und dann mein Onkel Pierre. Von Salomé ist nichts übrig geblieben bis auf ein Foto.

Das Datum, der 1. Juli 1939, und die Worte *A Panemunė* sind mit blauer Tinte auf dem oberen Rand des Fotos verzeichnet. Ich habe lange geglaubt, A Panemunė sei der Name des Fotografen, ehe ich herausfand, dass Panemunė ein Vorort von Kaunas ist, »einer der schönsten Städte Litauens, an der Stelle, an der die Memel eine Schleife macht«. Ein Ort, in dem sich auch das IV. Fort befindet, in dem zahlreiche Bewohner des Ghettos von Kaunas ermordet worden sind.

Ein Ehepaar und ein kleines Mädchen. Salomé ist zwei oder drei Jahre alt, blond, hat kurzes Haar mit einem Seitenscheitel und ein schelmisches Lächeln. Sie trägt ein besticktes weißes Kleid. Salomé sitzt auf den Schultern ihres Vaters, aber nicht rittlings, sondern ganz auf seiner rechten Schulter. Er hält sie mit dem rechten Arm fest und hat den linken um die Schulter seiner Frau Raya gelegt, der Schwester meiner Großmutter Ginda. Raya hat die linke Hand gehoben, um die Hand ihres Mannes zu halten. Sie trägt ein weißes Kostüm und eine geblümte Bluse, ihr Blick ist wach, das braune, straff nach hinten gekämmte Haar ist ebenfalls seitlich gescheitelt, und ihr Handgelenk wird von einer feinen goldenen Armbanduhr umschlossen. Ihr Mann heißt Max Bernstein. Sein Haar ist schon etwas schütter, und der Gürtel seiner Hose sitzt ein wenig zu eng, er trägt ein Hemd mit Krawatte. Sie stehen vor einem Holzhaus, hinter ihnen erkennt man ein Fenster mit Spitzengardinen, ein mit Ziegeln gedecktes Dach und die Hausnummer 19.

Das Foto einer jüdischen Familie, das am 1. Juli 1939 in Litauen aufgenommen wurde, an einem sonnigen Tag. Ich habe dieses Foto bei meiner Großmutter nie gesehen.

Ginda betrachtete die Aufnahme von ihrer Schwester, ihrer Nichte und ihrem Schwager nur, wenn sie allein war, wagte dieses Foto niemandem zu zeigen. Sie hat es erst 1990 hervorgeholt und zur Gedenkstätte Yad

Vashem in Jerusalem mitgenommen, um dort das erste Gedenkblatt für die einunddreißig Mitglieder ihrer näheren Familie auszufüllen, die während des Krieges umgekommen sind. Der Karte über ihre Nichte Salomé hat sie dieses Foto beigefügt. Ein Foto, das sie ihrer Tochter nie gezeigt hat, denn Hélène hat zu mir gesagt, dass von Salomé »nichts übrig geblieben ist, nicht einmal ein Foto«. Zwischen Hélène und Ginda herrschte ganz offensichtlich völliges Stillschweigen über Salomé. Sie haben sich nicht gemeinsam die Bilder angeschaut oder über sie gesprochen.

Ich habe zufällig eine Kopie dieses Fotos auf der Website von Yad Vashem gefunden. Es steht jetzt auf dem Kaminsims in meinem Schlafzimmer. Ich sehe Salomé und ihre Eltern und flehe sie an: »Verlasst Litauen, verlasst dieses Land, auf dem bald ein Fluch lasten wird.« Doch sie hören mich nicht.

Salomé, Max und Raya Bernstein

Vor dem Krieg haben die beiden Schwestern meiner Großmutter, Raya und Macha, bereits ein erstes Leben geführt. Raya war ausgebildete Pianistin und verheiratet mit dem Rechtsanwalt Max Bernstein, der viel zu gutmütig war, um ein großer Anwalt zu werden. 1936 oder 1937 wurde ihre Tochter geboren, die sie Salomé nannten. Macha hat Jura studiert und anschließend einen Arzt geheiratet. Die beiden haben einen kleinen Jungen namens Kalman bekommen, der 1940 geboren wurde. Ich kannte die Vornamen Raya und Macha, ohne wirklich etwas über die beiden zu wissen. Meine Großmutter Ginda nannte oft ihre Namen: »Raya und Macha.« »Raya und Macha«, »Raya und Macha«, sagte Ginda immer wieder.

Diese Namen klangen in meinen Ohren wie eine geheimnisvolle Beschwörung.

Salomé, den Vornamen von Rayas Tochter, hatte ich nie aus ihrem Mund gehört. Als meine Tochter Salomé am 1. Februar 2003 geboren wurde, war Ginda vierundneunzig und untröstlich über den Tod ihrer Tochter Hélène.

Sie kam zu Besuch, um ihre Urenkelin zu sehen. Salomé schrie ununterbrochen. Ginda schien das nicht zu hören. Sie fand die Kleine entzückend, trotz ihrer Tränen. Ich habe Ginda nicht nach Salomé, der ersten Salomé gefragt, und auch nicht nach ihren Schwestern Raya und Macha. Vielleicht wäre Ginda ja endlich bereit gewesen, diese Gelegenheit zu nutzen, eine Gelegenheit, die etwas von einer Wiedergutmachung hätte haben können. Eine zweite Salomé war zur Welt gekommen, sie schrie ununterbrochen, war entzückend, war lebendig. Ginda hätte mir sagen können, was sie erfahren hatte, als sie 1946 nach München gefahren war, um ihre Schwestern, die überlebt hatten, wiederzusehen. Doch sie hat mir nichts erzählt. Und ich habe ihr keine Fragen gestellt. Wie soll man mit Menschen, die überlebt haben, über den Tod und die Rückkehr ins Leben sprechen? Für sie wäre das unschicklich gewesen. Sie sah mir zu, wie ich meine Tochter versorgte, sie sorgfältig wickelte, sie bewunderte. Ginda schien hocherfreut über diese Geburt zu sein. Alles Weitere ließ sich nicht in Worte fassen.

Meine Mutter Hélène hatte nur einmal von Salomé gesprochen. Und zwar an dem Tag, da sie mich mit besorgter Stimme um einen Gefallen gebeten hatte, als handele es sich dabei um einen Wunsch, den ich ihr nur unter großen Opfern erfüllen könne: Ob ich meinem Kind als zweiten Vornamen den Namen »ihrer

Cousine, von der nichts übrig geblieben ist« geben könne? Ich hatte darauf nur ziemlich locker erwidert »warum nicht?«, ohne mich festzulegen. Doch diese Ungezwungenheit war nur gespielt.

Denn ich hatte schon sehr früh begriffen, dass alles, was mit dem Krieg und Litauen zu tun hatte, alles, was Rayas und Machas Leben und Überleben sowie Salomés Tod betraf, geradezu an ein Geheimnis und etwas Wunderbares grenzte, das unbedingt geschützt werden müsse. Nichts darüber zu wissen war, wie ich glaubte, der beste Weg, sie zu schützen. Als Kind und später als Erwachsene habe ich diese unausgesprochene Notwendigkeit stets respektiert, um meiner Mutter Hélène und meiner Großmutter Ginda nicht noch zusätzliche Qualen zu bereiten. Die beiden hatten schon zu viele Tränen vergossen. Man musste sie in Ruhe lassen, ihre Trauer und ihr Schweigen achten, durfte ihnen keine Fragen stellen.

Nur ein einziges Mal ließ sie ihren Schmerz erahnen. Meine Großmutter sprach von einem Scheck, den sie aus Deutschland als »Entschädigung« erhalten hatte. Ich war damals neun, und sie schlug mir vor, mit ihr in die Galeries Lafayette zu gehen, »um mir die schönste Puppe zu kaufen«. Wir nahmen also den Bus, überquerten die Seine und gingen in das große Kaufhaus. In der Spielwarenabteilung waren Dutzende von runden, blonden Puppen mit rosa Lippen nebeneinander aufgereiht. Keine gefiel mir. Ich fing an zu weinen, ich wollte keine dieser Puppen. Es gelang mir nicht, meiner Großmutter die Freude zu machen, mir die schönste Puppe auszusuchen, die von den Deutschen mit dem Geld der »Entschädigung« bezahlt werden sollte. Ich fand diese Puppen alle hässlich. Wir fuhren nach Hause zurück, sie nahm mich an die Hand. Sie fragte mich nicht, warum ich keine Puppe haben wollte, und ich fragte sie nicht, warum die Deutschen sie »entschädigen« wollten. Ihr Kummer war nichts, das sich entschädigen ließ. Ihre warme Hand ließ die meine nicht los.

Zuerst habe ich mich geirrt.

Ich sagte mir, das ist zu einfach, du trägst Sandalen mit goldenen Lederriemchen, du stürzt dich Hals über Kopf in aussichtslose Liebschaften, du sonnst dich gern am Mittelmeer, und du glaubst, eine junge Frau wie du könnte ein Buch über den Holocaust schreiben? Denn darum handelt es sich. Die Cousine meiner Mutter, Salomé, ihre Onkel und Tanten, ihre Vettern und ihre Großeltern haben vor dem Krieg in Litauen gelebt. Eine Gemeinschaft, von der nichts übrig geblieben ist. 95 Prozent der litauischen Juden sind ermordet worden. Das Verhältnis zu Litauen, dem Land, in dem meine Großmutter geboren ist und meine Mutter als Kind ihre Ferien verbracht hat, dieses Verhältnis existiert für uns nicht mehr. Seit 1945 haben Ginda und Hélène, Mutter und Tochter, geschwiegen. Ginda hat ihrer Tochter nie erzählt, was ihrer Großmutter, ihren Tanten und Onkel, ihrer Cousine Salomé und ihrem Vetter, dem kleinen Kalman, zugestoßen ist. Manche haben überlebt, andere sind tot, dem war nichts hinzuzufügen.

Mit ihnen darüber zu sprechen würde bedeuten, alte

Wunden aufzureißen. Aber dadurch, dass ich meiner Tochter den schönen Namen Salomé gab, habe ich sie mit einem Fluch beladen, von dem ich nichts wusste.

Meine Großmutter mütterlicherseits, Ginda, wurde 1908 in Panevėžys geboren.

Manchmal erzählte sie von dieser kleinen Stadt mit Holzhäusern, in denen es so kalt war. Sie hatte mehrere Gewohnheiten aus ihrer Heimat beibehalten, wie den stark gesüßten Tee, den sie aus einem kleinen Glas mit Henkel trank, oder Kascha, eine Art Buchweizengrütze, die sie für ihre Enkelkinder zubereitete.

Litauen, das Heimatland meiner Großmutter, ist ein flaches Land in Nordeuropa, in dem sich seit dem 12. Jahrhundert eine jüdische Gemeinde niedergelassen hatte. Die Menschen lebten dort in guten wirtschaftlichen Verhältnissen, die Juden waren Handwerker, Händler oder Lehrer, und es herrschte ein reges geistiges und akademisches Leben. Es gab Universitäten, Theater, Zeitungen, Schulen und Gemüsegärten, in denen Auberginen und Gurken angebaut wurden. Trotz der russischen und polnischen Invasionen und einer Welle von Pogromen im 19. Jahrhundert führten die Juden in Litauen ein relativ sorgloses Leben. Nach dem Ersten Weltkrieg wurde Litauen zu einer unabhängigen demokratischen Republik. Für die litauischen Juden waren die Jahre zwischen den beiden Weltkriegen geradezu ein »goldenes Zeitalter«. Sie waren Staatsbürger mit wirklicher kultureller Autonomie. Die wichtigste jiddische Tageszeitung hatte eine zehnseitige Literaturbeilage, und auf der ersten Seite wurde jeden Tag ein Gedicht abgedruckt. Die Schwestern meiner Großmutter schrieben Gedichte, Poesie gehörte zum täglichen Leben.

In diesem »goldenen Zeitalter« war der Antisemitismus relativ unaufdringlich. Gewisse Posten in der Verwaltung durften nicht von Juden besetzt werden, und an der Universität gab es eine Zulassungsbeschränkung für Juden.

Ein Freund meiner Großmutter wanderte nach Argentinien aus, weil er aufgrund dieser Zulassungsbeschränkung keinen Studienplatz in der juristischen Fakultät bekam. Aber wenn man ihn fragte, warum er in Argentinien leben wolle, dann erklärte er: »Ich habe erfahren, dass die Literaturbeilage der bedeutenden argentinischen Tageszeitung *El Diario* fünfzehn Seiten umfasst. Das ist das Land, in dem ich leben muss.«

Von der Demütigung, die mit der Weigerung der Universität verbunden war, ihm einen Studienplatz zu geben, sprach er nicht.

Meine Großmutter Ginda, die eine sehr gute Schülerin war, hatte ihre Eltern überredet, sie nach Paris gehen zu lassen, um dort Medizin zu studieren. 1926 traf sie in Frankreich ein. Eines Tages gestand sie mir: »Noch heute ist es mir ein Rätsel, wie ich meine Eltern überzeugen konnte, mich in Paris studieren zu lassen.« Später hat sie dann hinzugefügt: »Aber ich war fest entschlossen.« Doch sie hat mir nie gesagt, ob sie nach Paris gekommen war, um der Zulassungsbeschränkung für jüdische Studenten zu entgehen. Es war nicht ihre Art, sich zu beklagen.

Sie hatte stets eine kerzengerade Haltung. Als wir beide einmal in der *Closerie des Lilas* zu Mittag aßen und sie so tat, als bemerke sie nicht, dass ich ihr das Fleisch auf dem Teller in Stückchen schnitt, zeigte sie auf das Bistro *Bullier* direkt gegenüber, das heute ein Restaurant ist, vor dem Krieg aber ein Tanzlokal war. Sie erzählte gern aus jenen Jahren, in denen sie nach ihrer Arbeit tanzen ging, und ich hörte ihr mit großem Vergnügen zu. Sie lebte damals im *Hôtel Scandinavia* in der Rue de Seine. Sie ging zum Tanzen ins *La Coupole* und trug einen mit silbrig glänzenden rosa Perlen bestickten mandelgrünen Kragen, den sie noch immer besaß, genauso wie ein in Leder gebundenes Exemplar des Hohelieds mit der Widmung *For Ginda with love*, das ihr ein amerikanischer Verehrer geschenkt hatte.

Zwei Beweise dafür, dass sie einmal ein sorgloses Leben geführt hat.

Ginda beherrschte fünf Sprachen. Sie sprach Jiddisch oder Russisch mit ihrem Bruder, ihrer Schwägerin und ihren Schwestern, Französisch, Englisch oder Hebräisch mit ihren Kindern, Enkeln, Neffen und Nichten, moderne Sprachen, die nicht dazu geeignet waren, das auszudrücken, was vor und während des Krieges geschehen war. Sie behauptete, das Litauische habe sie vergessen.

Nichts aus dieser Zeit ist an die Kinder und Enkelkinder weitervermittelt worden. Die Welt von vorher wird totgeschwiegen, und es bleiben nur ein paar Relikte: Salzgurken, Bisongras-Wodka, Mohnkuchen und Kascha. Immer wenn ich bei Ginda zu Mittag aß, gab es das Gleiche, egal wie alt ich war, ob fünf, zwölf, zwanzig oder fünfunddreißig. Sie bereitet Kascha zu, reicht mir einen Teller und sagt *na – hier, bitte –*, das einzige russische Wort, das sie in Anwesenheit ihrer Enkelkinder verwendet. Nach dem Essen blättere ich in den dicken ledernen Fotoalben im Wohnzimmer. Sie stellt sich als Kind mit ihrem Bruder Nahum und ihren Schwestern Raya und Macha in Pose, alle vier in Matrosenanzügen. Die Mädchen haben breite weiße Bänder in ihrem zu Zöpfen geflochtenem Haar, bis auf Ginda, die nicht so eitel ist wie ihre Schwestern. Sie sagt zu mir: »Ich war die beste Schülerin meiner Klasse.«

Ich verbringe ganze Nachmittage damit, in ihren Alben zu blättern, aber ich stelle ihr keine einzige Frage. Egal ob als Kind, als junges Mädchen oder als Erwachsene, denn ich weiß nicht, was ich suche. Es ist kein Foto von Salomé da, ich weiß nicht, dass es sie gegeben hat. Ich warte wohl darauf, dass Ginda mir eine Geschichte erzählt, die ich nicht hören will.

Sie ist zweiundneunzig und spielt Verstecken mit meinem dreijährigen Sohn. Sie lacht und lacht, kann gar nicht mehr aufhören. Sie wirkt nie müde, ich gehe mit ihr durch den *Jardin du Luxembourg* und merke nicht, dass ihr das Laufen schwerfällt. Wir setzen uns auf die Terrasse eines Cafés, und sie bestellt ein Schweppes. Dabei gesteht sie mir: »Ich bin völlig erschöpft.« Ich bringe sie mit dem Taxi nach Hause. Ich schäme mich, denn ich hatte geglaubt, sie sei unverwüstlich.

Als Studentin ging meine Großmutter oft tanzen, war aber dennoch immer fleißig. Sie gab ihr Medizinstudium auf, weil sie in Ohnmacht gefallen war, als sie zum ersten Mal einen Seziersaal betreten hatte. Daraufhin legte sie einen Magister in Chemie ab. Ich bewunderte es, dass sie damals in einem Hotelzimmer in der Rue de Seine gewohnt hat. Das fand ich damals sehr schick. In den 80er Jahren existierte das *Hôtel Scandinavia* noch. Es wurde erst vor gut zehn Jahren geschlossen. Immer wenn ich an diesem Gebäude vorbeiging, musste ich an Ginda und ihren blauen Pullover denken, der so gut zu ihren wachen Augen passte. Wenn man sie fragte: »Wie geht's dir?«, erwiderte sie mit einem sehr eigentümlichen Lachen, von dem man nie wusste, ob es tatsächlich ein Lachen war und nicht ein Schluchzer: »Wie kannst du mir eine solche Frage stellen?« Ich bewunderte auch, dass sie ganz allein beschlossen hatte, in Paris zu leben, obwohl sie damals noch kein Wort Französisch sprach, und dass sie sich dort eine Existenz aufgebaut hat.

Sie verliebte sich in einen ernsten, fast schon pessimistischen Mann, der aber auch sinnlich und liebevoll sein konnte. Er rauchte Mentholzigaretten. Simkha Apatchevsky war Arzt und gebürtiger Russe. Simkha erhielt die französische Staatsangehörigkeit und Ginda schließlich auch. Sie, ihr Mann und ihre Tochter Hélène wohnten in Paris in der Avenue de Friedland. Meine Großeltern Ginda und Simkha Apatchevsky hatten russische Freunde, mit denen sie über Politik diskutierten, waren links, interessierten sich für den Zionismus, lasen französische Romane, sprachen untereinander Russisch und Französisch mit ihrer Tochter, verfolgten das politische Tagesgeschehen und waren besorgt über die Entwicklung jenseits des Rheins, in Deutschland. Ginda und Simkha kannten die Schriften des neuen Reichskanzlers Adolf Hitler, sie hatten in ihrer Bibliothek die 1930 veröffentlichte Reportage von Albert Londres *Jude wohin?* Simkha hatte Ginda einen Auszug daraus vorgelesen, eine Anweisung, die in der kleinen ukrainischen Stadt Proskurow am Tag vor einer Massenhinrichtung angeschlagen worden war:

»Ich fordere, dass die Bevölkerung mit ihren anarchistischen Kundgebungen aufhört. Besonders sollt ihr Juden euch das gesagt sein lassen. Ihr wisst doch, dass ihr ein Volk seid, das alle übrigen verabscheuen. Ihr sät Unruhe unter die Christen. Liegt euch nichts an eurem Leben? Habt ihr kein Mitleid mit eurer eigenen Rasse? Wenn man euch in Ruhe lässt, nun, so haltet auch ihr

Ruhe! Elendes Volk, du willst ja aber das arme ukrainische Volk nie in Frieden leben lassen!«

Ginda und Simkha gaben sich keinerlei Illusionen hin.

Im Sommer fahren Ginda, Simkha und die kleine Hélène mit dem Zug durch Nazi-Deutschland, um ein paar Wochen mit Gindas Eltern, ihren Schwestern und ihrem Bruder in dem hübschen Holzhaus in Panevėžys zu verbringen, in dem meine Großmutter als Kind gelebt hat. 1936 begeben sie sich zum letzten Mal auf die lange Reise nach Litauen. Ich weiß nicht, ob die Tochter von Gindas Schwester Raya, Salomé Bernstein, schon zur Welt gekommen ist, auf jeden Fall ist sie »unterwegs«.

Die Reise im Zug ist anstrengend.

An der deutschen Grenze reicht Simkha dem Zollbeamten die Pässe. Sie sind auf den Namen Apatchevsky ausgestellt, der jüdisch, russisch und sowjetisch zugleich klingt. Die Familie besitzt die französische Staatsangehörigkeit, aber der Name Apatchevsky kann 1936 einem deutschen Zollbeamten nur verdächtig erscheinen. Ginda würde am liebsten auf die Toilette gehen, so sehr fürchtet sie sich. Hélène, die kleine vierjährige Hélène, weint. Simkhas Gesichtszüge sind starr wie eine Maske. Der Zollbeamte, der ein NS-Abzeichen auf seiner blauen Uniform trägt, blättert alle Seiten der drei Pässe durch. Er weiß genau, dass er eine jüdische Familie vor sich hat. Der schmächtige Ehemann mit seiner Goldrandbrille, von Beruf Arzt, und seine stattlichere, dunkelhaarige Frau mit blauen Augen und Adlernase, die sind bestimmt Juden. Er sagt sich, »die Kleine ist aber hübsch für eine Jüdin«. Er hat das Recht, ihnen Angst einzujagen. Das nutzt er aus, denn es tut gut, jemanden zu erniedrigen, wenn man selbst erniedrigt worden ist. Er hat Franzosen vor sich, Franzosen der ersten Generation. Er darf sie nicht festnehmen, aber er kann es sich erlauben, mit ihrer Angst zu spielen. Er fragt: »Sind Sie Juden?« Simkha verneint: »Wir sind russisch-orthodox.« Das sagt er mit ruhiger Stimme.

Als sie in Litauen sind, erzählen Simkha und Ginda, was sie in Deutschland gesehen haben, die Standarten und Banner, die Beschriftungen an Geschäften: »Für Juden verboten.« Sie werden schnell unterbrochen. Wer möchte schon diese Ferien verderben, in denen sie sich endlich alle wiedersehen? Macha berichtet von Rayas Hochzeit im vergangenen Jahr, bei der Ginda nicht dabei sein konnte. »Ich wünsche dir, dass du eine ebenso glückliche Ehe führst wie wir. Ich weine vor Glück, wenn ich an unsere Zukunft denke.«

Nichts ist gut genug für die kleine Hélène in Panevėžys. »Ist sie nicht das schönste Mädchen der Welt?«, rufen ihre Tanten Raya und Macha. In Litauen wird Hélène geherzt, von Arm zu Arm gereicht, ihre Taschen quellen über vor Naschereien. Ihre Mutter fragt sich besorgt, ob ihre Tochter nicht zu sehr verwöhnt wird. Raya, die mit Salomé schwanger ist, vertraut ihrer Schwester an: »Mein Gott, ich wünsche mir, dass meine Tochter ebenso hübsch wird wie ihre Cousine Hélène.« Ginda, die nicht die hübscheste der drei Schwestern ist, kann es kaum fassen, dass sie eine so reizende Tochter hat. Sie zeigt ihren Schwestern die Porträts von ihr und ihrer Tochter, die im berühmten Pariser Fotoatelier *Studio Harcourt* aufgenommen worden sind. Ginda trägt eine weiße Seidenbluse, eine schlichte Kostümjacke, ihr schwarzes, nach hinten gekämmtes Haar ist in der Mitte gescheitelt. Sie wirkt klug, wie jemand, dem man nichts vormachen kann, und zugleich zärtlich und bereit, alles zu geben, wenn man sie freundlich darum bittet. Die kleine Hélène dagegen sieht in ihrem Matrosenanzug richtig schelmisch aus. Ihre Tante hat recht, sie ist das hübscheste Mädchen der Welt.

Hélène

Die anderen Fotos, die in jenem Sommer in Litauen gemacht wurden, sind Zeugnisse eines glücklichen Lebens, das nichts mit dem zu tun hat, was ringsumher geschieht: Litauen in der Klemme zwischen der von Stalin regierten UdSSR und Hitlerdeutschland. Ein Porträt meiner Mutter Hélène im Garten ihrer Großeltern in Panevėžys. Sie ist vier, steht ganz allein vor der Kamera und beißt in einen dicken Apfel. Es ist ein Schwarzweißfoto, aber meine Mutter erinnerte sich noch genau daran, dass ihr Kleid blassgrün war, passend zur Farbe des Apfels.

Auf einer anderen Aufnahme ist die ganze Familie zu sehen. Meine Urgroßmutter Mary, Gindas Mutter, trägt ein weites weißes Kleid mit Stickereien auf den Ärmeln und dem unteren Saum, eine lange Strickjacke hält sie warm. Meine Großmutter Ginda und ihre Schwestern Raya und Macha tragen ebenfalls weite Kleider, die in den 30er Jahren in Mode waren. Schlicht, weiß und mit einem V-Ausschnitt. Raya mit einem Barett auf dem Kopf, Macha und Ginda haben das Haar im Nacken zu einem Knoten gesteckt. Hélène liegt in den Armen ihrer Großmutter und blickt sanft und neugierig den Fotografen an (ihren Vater?). Scheinbar ist alles in bester Ordnung.

Am Tag ihrer Rückreise nach Paris, am 20. August 1936, begleiten Raya und Macha Simkha und Ginda zum Bahnhof von Kaunas. Auf dem Bahnsteig flehen Ginda und Simkha sie an: »Kommt nach Frankreich, ehe es zu spät ist.« Die beiden Schwestern machen sich über Simkha lustig, er ist immer so pessimistisch. Sie leben in der Illusion, dass ihnen nichts passieren kann. Als Bürger eines unabhängigen Staates halten sie sich für völlig integriert, dabei leben sie am Rand der Gesellschaft. Die wenigen Rechte, die die Juden mit der Unabhängigkeit erhalten haben, wurden nach und nach beschnitten. Sie leben in einem Land, in dem sie geduldet werden. Mehr nicht. Es ist nicht die Rede von Pogromen, sondern nur von Zulassungsbeschränkungen an der Universität und dem Verbot, gewisse Berufe auszuüben. Sie leben in gesonderten Vierteln und haben kaum Kontakt nach außen.

Sie haben noch nicht die Zurechtweisung gehört, die in Kafkas *Schloss* an den jüdischen Protagonisten gerichtet wird: »Sie sind nicht aus dem Schloss, Sie sind nicht aus dem Dorfe, Sie sind nichts.«

Die Ereignisse aus jener Zeit haben Hélène ihr ganzes Leben lang verfolgt: Salomé, von der nichts übrig geblieben ist, das Überleben ihrer Tanten Raya und Macha, das, was sie selbst im Krieg erlitten hat, sowie die Angst und die Erniedrigung, die ihre Eltern haben ertragen müssen.

Hélène hat bis zu ihrem Tod in dieser Welt der Vorkriegs- und Kriegszeit gelebt, war darin wie eingeschlossen. Hat sich allein gefühlt. Von all ihren Qualen hat sie ihren Kindern nur die Geschichte von einem Stück Brot zu erzählen gewagt. Man hatte ihr eine Scheibe Schwarzbrot mit ein wenig Marmelade in der Mitte gegeben. Mit einem Lachen gestand sie, dass sie sich auf die schönen Lederstiefel eines deutschen Offiziers übergeben hat, als sie die Demarkationslinie überquerten. Der Offizier hat seine Stiefel abgewischt, die falschen Papiere kontrolliert und sie in die unbesetzte Südzone gehen lassen, sie, ihre Mutter Ginda und ihren kleinen Buder Pierre. Das ist alles, was sie aus dieser Zeit erzählen kann. Sie spricht nicht über Salomé, über den kleinen Kalman, über Raya und Macha, über das, was Ginda und ihre Tanten nach dem Krieg so schwer belastet. Der Krieg wird in dieser Scheibe Brot zusammengefasst. Als ich als kleines Mädchen diese Geschichte hörte, war ich empört, dass man meine Mutter gezwungen hatte, so etwas Unappetitliches hinunterzuwürgen. Hélène hat nie jemandem das anvertrauen können, was sie schließlich begriffen hat. Sie hat panische Angst davor, dass man auch sie verurteilt. Hélène ist sehr hübsch. Hohe Wangenknochen, eine kleine, feine Nase, eine natürliche Bräune, dunkles Haar, alles an ihr ist zart. Ihre slawische Schönheit, ihre gold gesprenkelten grünen Augen rufen Bewunderung hervor. Sie raucht filterlose Gitanes, deren Tabakreste sie mit den Fingern von den Lippen schnipst, und isst nur geschälte Weintrauben. Sie hat sich auf die Pflege von behinderten Kindern spezialisiert, reist viel und hält Vorträge. Als Kind habe ich sie zu Marie Martine, eine Prêt-à-porter-Boutique in der Rue de Sèvres, zu Arnys, dem besten Schneider, zu François Villon und in all die anderen Geschäfte, die in den 70er Jahren schick waren, begleitet. Sie leistet sich lavendelfarbene Seidenblusen, rote Stiefel mit aufgedruckten Blumen. Das beeindruckt mich. Sie hat eine ganze Sammlung von Schals und Pullovern von Missoni, parfümiert sich mit *L'Heure Bleue* von Guerlain, und ihr Lippenstift ist leuchtend ziegelrot, aber dennoch habe ich nicht den geringsten Zweifel an ihrer Liebe zu mir. Sie steht morgens sehr früh auf und eilt, bereits geschminkt, in einem eleganten seidenen Trenchcoat aus dem Haus, nachdem sie mich mit einem kleinen Kniff in den Rücken geweckt hat. Sie hat nicht die Zeit, unter die noch warmen Laken ins Bett zu gleiten und sich an ihr Kind zu schmiegen. Auf ihrem Nachttisch liegen Romane von Bashevis Singer und Philip Roth, daneben steht ein Teeglas, und in der Schublade befinden sich Stilnox- und Tavor-Tabletten.

Meine Mutter, die schöne Hélène, liest vor allem fremdsprachige Literatur, russische, amerikanische oder englische. Allem, was zu französisch zu sein scheint, bringt sie stattdessen Misstrauen entgegen, sogar Kleidung und Essen. »Ein Kleid von Dior kann sich als antisemitisch herausstellen, und ein Camembert erst recht«, behauptete sie einmal allen Ernstes. Sie hat mir gesagt, Jude zu sein heißt Angst zu haben. Ich mache mich über meine Mutter lustig, all ihre Freunde sind Juden. Sie rechtfertigt sich: »Man kann nie wissen, wer sich als antisemitisch herausstellt.«

»Aber Mama, wir leben in Paris, ich kenne hier niemanden, der antisemitisch ist.«

Ich kann sie nicht verstehen. Sie kommt aus einer Welt, die ich nicht kenne.

Ich füge hinzu: »Im Gymnasium gilt es sogar als schick, Jude zu sein.«

Das bringt sie zum Lachen. Sie lacht auch, wenn ich ihr den Familiennamen eines neuen Freundes nenne, der sich als jüdischer Name herausstellt.

»Ich gehe auf eine Party bei Guillaume Trèves.«

»Aber das ist doch ein jüdischer Name.«

»Eric Blanchet lädt mich ins Kino ein.«

»Vor dem Krieg hieß seine Familie Blumberg.«

»Weißt du, Alexandre Martin ist aber garantiert ein Goi.«

»Ganz im Gegenteil, seine Großmutter ist Jüdin, sie heißt Rosen.«

Sie lacht wieder über ihre Entdeckung und kann für eine Weile ihre Angst vergessen.

Manchmal schwingt diese Sorge in ihrer Stimme mit, in diesem leicht schrillen Unterton bei dem Gedanken daran, dass etwas passieren könne, ohne aber zu sagen, was, ehe sie sich wieder fängt. Sie kann keine zärtlichen Worte flüstern, kann nicht jemanden mit Küssen überhäufen oder in die Arme nehmen, Geschichten erzählen, mit beiden Beinen im Leben stehen, zugeben, dass sie einen Menschen liebt. Sie spricht kein Russisch, erinnert sich nicht an die Kosenamen, die ihr ihre Mutter und ihre Tanten Raya und Macha ins Ohr geflüstert haben. Das war vor dem Krieg. Und die Zärtlichkeit, die Liebe, die Freude, all das ist mit dem Krieg verschwunden. Aber sie gibt ihr Bestes, die Zähne sind geputzt, die Kinder in einem warmen Schlafanzug von *Petit Bateau*. Sie sind in Sicherheit, gesund, und sie ist überzeugt, dass sie alles haben, was sie brauchen. Wir sind keine richtigen Franzosen, wir sind Juden, und falls jemand (in dieses »jemand« beziehe ich ihre Kinder, ihren Mann, ihre Freunde, ihre Nachbarn und die Polizei ein) Salomés Geschichte erfahren sollte, die Hélène schließlich herausgefunden hat, würde das Urteil schrecklich ausfallen.

Aline, eine meiner Jugendfreundinnen, hat mir gestanden: »Ich hätte gern eine Mutter gehabt wie deine.« Alines Mutter hat ihre Eltern während des Krieges verloren und wurde in einer Familie versteckt, in der sie wie eine kleine Sklavin hat arbeiten müssen. »Die Deportation ihrer Eltern hat sie verrückt und depressiv werden lassen. Wenn ich aus der Schule nach Hause kam, wusste ich nie, in welchem Zustand ich meine Mutter vorfinden würde, hysterisch, fröhlich oder in ihr Schlafzimmer eingeschlossen. Sie sprach die ganze Zeit über nichts anderes, nur über das, was sie nicht zu essen bekommen oder was man ihr nicht gegeben hatte. Nie ein Geschenk, nie eine Geschichte vor dem Einschlafen, immer die Angst, die Kälte, die unzulängliche Hygiene, der Hunger. Und eines Tages hat sie aufgehört darüber zu reden, ist verstummt, konnte nicht mehr schlafen und hat zwar weiterhin ihre Aufgabe als Mutter erfüllt, aber wie eine Scheintote. Als junges Mädchen bin ich das Risiko eingegangen, ihr eine Frage zu stellen. Doch sie erinnerte sich an nichts mehr. Es hatte keinen Zweck, mit ihr darüber zu reden, das führte zu nichts.

Sie ist keine gute Mutter gewesen. Aber ich bin gezwungen, ihr zu vergeben, schließlich hat sie eine gute Entschuldigung.« Aline sagt noch einmal zu mir: »Ich hätte so gern eine Mutter wie deine gehabt, so ruhig, so schön, so elegant. Und wenn wir die Ferien in Paris bei euch verbracht haben, hat sie wie mit Erwachsenen mit uns geredet und uns Fragen gestellt.« Habe ich das Recht, ihr zu widersprechen? Ich kann mich nicht daran erinnern, dass Hélène mich je in die Arme genommen oder mir gesagt hätte, dass sie mich liebt. Aber sie sagte auch nicht, wie allein sie sich mit ihren Qualen fühlte.

Hélène schwieg oder schlief, ging früh zu Bett, um ihrer tristen Welt zu entkommen. Wenn sie abends nicht zu abgespannt war, kam sie vor dem Schlafengehen in mein Schlafzimmer, um mir in meinem Kinderbett einen Kuss auf die Wange zu drücken. Es war unmöglich, mehr von ihr zu verlangen, mehr Zärtlichkeit, mehr Küsse oder etwa Liebe, denn die Liebe war aus Hélènes Welt für immer verbannt.

Das Ghetto von Kaunas in Litauen, die KZs in Estland, in Deutschland, Salomés Tod, die Art, wie sie umgekommen ist, das Leben, das Überleben von Raya und Macha, das Schweigen der Überlebenden. Die Last des Kummers in Hélènes Leben ist enorm.

Den größten Teil ignoriert sie, damit sich die Kriegszeit erzählen lässt. Die Spuren sind winzig. Hélène fühlt sich vom Krieg betroffen, das gibt sie zu, aber auf allgemeine, abstrakte Weise. Ja, sie hat ein großes Problem mit Deutschland – ihr Erbe –, weil die Nazis sechs Millionen Juden umgebracht haben. Aber wen? Wie hießen sie? Wer in der Familie ist umgekommen? Hélène gibt sich entrüstet, als sich mein Vater 1978 ein deutsches Auto kauft, einen BMW. Zwei Wochen danach wird ein weiteres Tabu gebrochen. Sie geht zu Darty und kauft sich eine Zitruspresse der Marke Braun. Und sie erzählt mit großem Vergnügen folgenden Witz: »Heutzutage muss man die Fahrkarte bezahlen, wenn man mit dem Zug nach Deutschland fahren will.« Das Flugzeug, mit dem ich nach Athen in Urlaub fliege, macht eine Zwischenlandung in München, ich wage nicht, es ihr zu sagen, das wäre Verrat.

Mit vierzehn habe ich *Der eingebildete Jude* von Alain Finkielkraut gelesen, ich verstehe zwar, was er schreibt, obwohl ich nicht gelitten habe, nicht versteckt und nicht von meinen Eltern getrennt worden bin und keine Opferkrone zu tragen brauche. Dennoch werde ich nie wie Alain Finkielkraut sein, ein Sohn polnischer Juden, dessen Eltern deportiert worden sind und der gestanden hat: »Ich selbst habe meine ganze lange Adoleszenz damit zugebracht, mir die Toten dienstbar zu machen. Sie schamlos zu annektieren. Mir ihr Schicksal gierig unter den Nagel zu reißen [...] Ich suchte in meiner Herkunft nach den Momenten von Größe und Ruhm, die der reibungslose Verlauf meiner braven und strebsamen Existenz mir verweigerte.« Ich habe dieses Buch nicht so recht verstanden, aber ich war damals ja auch erst vierzehn, und was ich zu dieser Zeit wirklich wissen wollte, war etwas anderes, nämlich was passiert, wenn man mit einem Jungen schläft. Tut das weh? Außerdem wünsche ich mir zu Weihnachten eine hautenge Jeans und Cowboystiefel. Ich bitte darum. Die Jeans kann ich haben, wenn auch nicht hauteng, aber die Cowboystiefel nicht. Ich stelle meinen Eltern keine Frage nach ihrem Leben vor und während des Krieges. Ich kenne die Anekdote vom Schwarzbrot im Kloster, in dem Hélène versteckt war. Über alles andere wird nicht gesprochen. Die deportierten Onkel, Tanten und Cousinen. Sie sind deportiert worden, das steht fest. Doch wohin und wie? Meine Mutter sagt mir, man redet nicht über Dinge, die Unfrieden hervorrufen. Und als ich schließlich erwachsen und schwanger bin, erwähnt sie zum ersten Mal ihre kleine Cousine Salomé. Hélène ist verlegen, als offenbare sie mir den Abgrund, in dem all ihre Zärtlichkeit begraben ist. Und ich bin nicht imstande, zu hören, was sie sagt, und ihre ausgestreckte Hand zu ergreifen.

Ich erinnere mich noch an einen anderen Versuch in meiner Jugend, mich auf unerlaubte Weise dieser Sache zu nähern, die mich nichts angeht. Ich habe meiner Großmutter Ginda eine gekürzte Fassung der *Erzählun-*

gen aus Kolyma von Warlam Schalomow stibitzt. Ich las diese Geschichte über die Kälte, die Arbeit, die Erniedrigung im sowjetischen Gulag. Ich, die lange nach dem Krieg in Paris geboren wurde, saß mit dem Buch in unserer warmen Wohnung und trug meinen neuen braun-rosa Jacquardpullover von Cacharel, den ich sehr liebte. Ich redete mir ein, dass ich keinerlei Bezug zu dieser Geschichte hatte. Ich hatte Bauchweh, fühlte mich, als trüge ich eine Last von tausend Kilo, denn ich hatte einen unverzeihlichen Fehler begangen, wusste aber nicht welchen.

Am Weihnachtsabend saßen sie mit dreiundzwanzig Personen am Tisch, dabei war die Familie meines Freundes Jean noch nicht einmal vollzählig – alte Streitigkeiten, junge Vettern auf Reisen … Jeans Familie schien unendlich groß zu sein. Jean verlor sich im weiten Netz von Verzweigungen, Verwandtschaftsbanden, Abstammungen, Neffen und Nichten seiner Mutter, sie hatte sieben Geschwister, und jeder von ihnen hatte vier oder fünf Kinder, bis auf den letzten, der immer noch Junggeselle war. Er kannte nicht alle, was er sehr schade fand. »Aber wenn man sich mit einem verkracht, ist immer noch ein anderer da, mit dem man sich gut versteht, das ist der Vorteil einer großen Familie.« Er war nie allein. Er hatte Verwandte, Erinnerungen, Vorfahren, und wenn er durch Zufall noch weitere Vettern entdeckte, waren sie, wie er mir sagte, »für immer miteinander verbunden«. Ich war eifersüchtig, da ich in Frankreich kaum Familie besaß. Meine Verwandtschaft ließ sich schnell aufzählen: zwei Kinder, ein Exmann, eine Schwester, ein Onkel, ein Vetter, eine Cousine. Was war aus den anderen geworden? Aus den Kindern, die niemals geboren wurden, da die Eltern zu früh gestorben sind. Die Überlebenden sind nach Israel oder in die USA ausgewandert. Ich zählte sie auf, wir waren sehr wenige, und alle lebten in derselben Angst, ohne eine wirkliche Verbindung. Wir waren verängstigt, schuldig, paranoid, hatten Bauchweh, daran erkannten wir uns wieder. Voller Sorgen in unserem Land. Wie groß war die Last des Kummers in unserem heutigen Leben? Für Hélène war sie enorm.

Von allen Kindern Hélènes, von allen Enkelkindern Gindas, sollte ausgerechnet jene, die eine Vorliebe für die unmittelbaren Freuden des Lebens hatte, wie Sonne, Meer und gutes Essen, schöne Hotelzimmer und heiße Bäder, um dem Schmerz und der Trauer zu entfliehen, jene, die sich erst in X. und dann in W. verliebt hatte, ebenso ahnungslos wie immer, die ersten unbequemen Fragen stellen.

Mein Onkel Pierre ist 1937 geboren. Gindas jüngster Sohn ist Schriftsteller.

Nach dem Krieg haben meine Großeltern mütterlicherseits ihren Namen »französisiert«. Apatchevsky ist zu Pachet geworden. Pierre Pachet ist der Autor der *Autobiographie de mon père*, eines Porträts meines Großvaters Simkha, der vor dem Krieg versucht hat, Raya, Macha und deren Ehemänner zu überreden, nach Frankreich zu kommen, der sich 1940 geweigert hat, sich als Jude im Kommissariat registrieren zu lassen, und nach dem Krieg seiner Frau Ginda geholfen hat, ihre Schwestern wiederzufinden.

Pierre sieht gut aus, hat blaue Augen und graues Haar, er kann streng sein, aber auch sehr großzügig.

Wir sitzen im Sommer auf der Terrasse des *Select* am Boulevard Montparnasse und reden über High Heels, Pierre mag an Frauen gerne Riemchenpumps, ich dagegen ziehe Ballerinas vor. Mein Onkel leiht mir sein Exemplar des von Wassili Grossman und Ilja Ehrenburg verfassten *Schwarzbuchs*. Er erzählt mir alles, was er über Salomé, Kalman, Raya und Macha weiß.

Seine Mutter Ginda hat ihm nichts gesagt.

»Dabei habe ich derart oft an ihren Rockschößen gehangen, dass sich alle über mich lustig gemacht haben.«

Ginda schaltete immer das Radio ein, wenn ihr Sohn auf *France Culture* zu hören war, sie lebte ausschließlich in der Gegenwart, die Vergangenheit, insbesondere die Jahre vor 1945, existierte für sie nicht mehr. So hat sie ihre Kinder erzogen, meine Mutter und meinen Onkel. Pierre war 1945 acht Jahre alt, seine Eltern haben ihm nichts über die Toten und die Überlebenden gesagt.

»Ich habe meine Mutter Ginda nur ein einziges Mal weinen sehen, und zwar an dem Tag, als sie vom Tod ihrer Schwester Raya erfahren hat. Sie war am Telefon und schluchzte. Du kennst sie ja, es ist wirklich nicht ihre Art, sich in der Öffentlichkeit zu beklagen oder gar zu weinen.

Wie alle Kinder wusste ich etwas, ohne dass man es mir hat sagen müssen. Mit gut zehn Jahren habe ich das Buch von David Rousset über die Vernichtungslager gelesen, *Les jours de notre mort*. Und da habe ich das Schicksal unserer Familie begriffen. Das einzige Mal, dass meine Mutter Ginda mir etwas Genaueres über den Krieg gesagt hat, war an dem Tag, an dem sie mir verboten hat, sie zu einer Freundin, einer gebürtigen Rumänin, zu begleiten, mit der sie zum Tee verabredet war. Als sie zurück nach Hause kam, hat sie mir verraten: ›Diese Freundin hat einen kleinen Jungen gehabt. Er ist im Krieg umgekommen, er war in deinem Alter.‹«

Pierre hat mehrfach versucht, Ginda Fragen zu stellen.

Als er vor gut fünfzehn Jahren eingeladen wurde, an einem Kolloquium in Litauen teilzunehmen, hat er die Gelegenheit genutzt, um Panevėžys zu besuchen, die Stadt, in der seine Mutter aufgewachsen ist. Pierre lernte dort eine Buchhändlerin kennen, deren Buchhandlung schon vor dem Krieg existierte. Als er wieder in Frankreich war, erzählte er seiner Mutter von dieser Reise, in der Hoffnung, das könne sie interessieren. Er fragte sie: »Du hast diese Buchhandlung in Panevėžys doch bestimmt gekannt, oder?«

Sie erwiderte nur: »Ich erinnere mich nicht.«

Als Pierre nicht lockerließ, fügte Ginda hinzu: »All das interessiert mich nicht.« Und dann wurde sie wütend: »Wir haben diese Buchhandlung nie betreten. Das ist eine litauische Buchhandlung. Die Juden gingen in eine jüdische Buchhandlung, die Litauer in die ihre und die Russen in eine andere.«

Und dann sagte sie noch einmal: »Aber all das interessiert mich nicht.«

Das *Schwarzbuch* von Grossman und Ehrenburg, das Pierre mir geliehen hat, enthält Augenzeugenberichte darüber, wie Mütter und ihre Kinder gemeinsam ermordet wurden.

»Die litauischen Juden wurden in zwei Ghettos untergebracht, in Kovno, dem litauischen Kaunas, und in Wilne, in Vilnius. Es gibt Berichte über Mütter mit ihren Kindern. Eine Mutter singt ›Schlaf, mein Kindchen, schlaf! Schlaf, mein Vögelchen, schlaf!‹ für ihr zweijähriges Söhnchen. Sie sind beide bereits im Graben, warten auf die sich nähernden Schüsse. Eine Mutter wird von ihrem Kind getrennt. Ein Soldat sagt zu ihr: ›Komm, sieh dir an, wie man Vieh tötet.‹ Er zeigt ihr die Leiche ihres Kindes. Was ist grausamer: die Mutter vor dem Kind zu töten oder das Kind vor der Mutter? Den lautesten Verzweiflungsschrei zu hören, nur um erneut zu töten.«

Im August 1941 müssen sich Raya, Macha, ihre Ehemänner, ihre Kinder Salomé und Kalman, ihr Bruder Nahum und meine Urgroßmutter Mary im Ghetto von Kaunas einfinden. Die Nazi-Truppen sind in Litauen eingefallen. Die Litauer sind erleichtert, die deutschen Soldaten einmarschieren zu sehen, das bedeutet für sie das Ende der 1940 begonnenen sowjetischen Besetzung, und zugleich das Ende der Verstaatlichungen und der Verschleppungen in sibirische Gulags. Für die Juden aus Litauen ist es der Beginn der Vernichtung, der Internierung aller Juden in abgegrenzte, bewachte Viertel, in denen Nahrung und Heizmaterial rationiert werden, ehe ab Oktober 1941 die ersten Selektionen stattfinden, um Menschen auszusondern, die erschossen werden.

Ein neues Restaurant, eine andere Tageszeit. Diesmal essen wir gemeinsam zu Mittag. Pierre fragt mich um Rat. Er möchte eine Frau bezirzen, die entschieden jünger ist als er. Ich ermutige ihn dazu.

»Selbstverständlich interessiert sie sich für dich, sonst würde sie nicht auf deine SMS antworten.«

1939 wird meiner Großmutter Ginda in Paris die Handtasche gestohlen. Sie geht ins Kommissariat des 8. Arrondissements, um den Diebstahl anzuzeigen. Eine Woche später ruft der Kommissar sie an. Die Handtasche aus schwarzem Leder mit einem goldfarbenen Messingverschluss ist wiedergefunden worden. Meine Großmutter bringt dem Kommissar zum Dank eine ausgezeichnete Flasche Rotwein mit. Einen Bordeaux Château Latour 1932.

Pierres Vater, genannt Simkha der Pessimist, hat ein schmales Gesicht und trägt eine Goldrandbrille. Seine schmächtige Figur verrät nichts über seine geistige und politische Courage. Er ist einer der wenigen in seinem Freundeskreis, der nach langen Diskussionen beschlossen hat, seine Familie im Oktober 1940 nicht als Juden auf dem Kommissariat registrieren zu lassen. Seine Freunde sind nicht einverstanden, man muss gehorchen, alles tun, um nicht aufzufallen. Simkha ist ein scharfsichtiger Pessimist. Er persönlich ist von den ersten antijüdischen Verordnungen nicht betroffen. Er ist seit 1925 Arzt in Frankreich, ihm wird seine französische Staatsangehörigkeit nicht aberkannt, und er kann weiterhin seinen Beruf ausüben, aber wie viele von seinen Freunden verlieren ihren Posten in der Verwaltung, werden ausgebürgert, interniert? Er macht sich die Angst der anderen, die bereits am Rande leben, zu eigen.

Am 5. Mai 1942 klingelt das Telefon früh am Morgen in der Wohnung in der Avenue de Friedland, in der Ginda und Simkha mit ihren beiden Kindern Hélène und Pierre wohnen. Der Kommissar des 8. Arrondissements ist am Apparat. »Sie müssen Paris so schnell wie möglich verlassen. Es hat zahlreiche Denunziationen gegeben.« Daraufhin inszenieren meine Großeltern einen lautstarken Streit, und meine Großmutter beklagt sich bei dem Concierge: »Mein Mann hat mich verlassen.«

Ihr Mann ist nach Saint-Etienne gegangen, hat dort eine Wohnung und eine Anstellung gefunden, er arbeitet als Zahnarzthelfer. Seit August 1941 hat er nicht mehr das Recht, seinen Beruf als Arzt auszuüben. Ginda und die Kinder, Hélène ist zehn und Pierre fünf, nehmen erst den Zug, dann einen Bus und lassen sich anschließend nachts von einem Schleuser über die Demarkationslinie führen. Mein Onkel Pierre hat keine große Angst, er fühlt sich wie in einem Abenteuer. Zu irgendeinem Zeitpunkt, aber wann genau, daran erinnert Pierre sich nicht mehr, werden er und Hélène in eine Klosterschule gebracht. Die Oberin, die die Schule leitet, bittet ihren Vorgesetzten, den Erzbischof von Lyon Kardinal Pierre Gerlier, um die Erlaubnis, Kinder zu verstecken. Er erwidert: »Das ist unsere Pflicht.«

Pierre bleibt nur vierundzwanzig Stunden dort, er verweigert jegliche Nahrung. Ginda holt ihn wieder ab. Hélène dagegen bleibt mehrere Monate dort, sie leidet unter der Kälte, hat keine Freundinnen, ist hungrig, hat Angst, ihre Eltern nicht wiederzusehen, zu sterben, alleingelassen zu werden. Sie weiß nicht, was schlimmer wäre, ohne ihre Eltern zu überleben oder zu sterben.

Schon seit zwei Jahren hat sie nichts mehr von ihrer Cousine Salomé, von dem kleinen Kalman, von ihren Tanten Raya und Macha gehört. Sie betrachtet die anderen kleinen Mädchen, die in der Klosterschule leben. Manche sind Jüdinnen, sie versucht anhand der Angst in ihren Gesichtern zu erraten, welche von ihnen. Die Oberin ist der Ansicht, dass sie auch Hélènes Seele retten muss, und versucht sie zum Katholizismus zu bekehren. Hélène weigert sich, will sich nicht bekehren lassen, glaubt nicht daran, dass die Taufe die Seele einer Jüdin retten kann. Hélène rebelliert gegen die Ordensschwestern. Ist undankbar. Später, lange nach dem Krieg, empfindet sie noch eine unverständlich starke Abneigung gegen alles, was mit der katholischen Kirche zu tun hat. In Syrakus auf Sizilien kann sie keine Kirche besichtigen, vom Weihrauchgeruch wird ihr schlecht. Sie hat mir nie den Namen der Klosterschule verraten, deren Ordensschwestern sie vor der Deportation gerettet haben. Sie verbringt die letzten Kriegsjahre mit ihren Eltern und ihrem jüngeren Bruder in einer kleinen Wohnung in der Nähe des Bahnhofs von Saint-Etienne, in der sie sich versteckt halten. Hélène sieht, welche Demütigung ihr Vater erleidet. Simkha arbeitet als Zahnarzthelfer, doch sein karger Lohn erlaubt seiner Familie zu überleben. Vier Jahre lang entgehen Ginda, Simkha, Hélène und Pierre den Denunziationen und Razzien. Nach der Befreiung bittet der Zahnarzt, der meinen Großvater ausgebeutet, ihn aber zugleich durch seine Anstellung gerettet hat, um eine Aussage zu seinen Gunsten, denn er wird der Kollaboration angeklagt. Simkha weigert sich. Sein Pessimismus ist nur allzu oft durch Tatsachen bestätigt worden. Als Ginda und er 1945 an die Tür ihrer Wohnung in der Avenue de Friedland klopfen, öffnet ihnen ein Unbekannter und sagt zu ihnen: »Wir haben nicht den Krieg gewonnen, um unsere Wohnungen den Juden zu überlassen.« Sie erstatten Anzeige, gewinnen den Prozess und ziehen dann von Paris nach Vichy. Eine seltsame Wahl, aber der Kurort nimmt nach dem Krieg zahlreiche Juden auf, die aus Osteuropa geflüchtet sind. »Dein Großvater brauchte Ruhe.« Simkha richtet seine Praxis ein und ist hin und her gerissen zwischen seinem Pessimismus und seinem linken politischen und intellektuellen Engagement. Das Kriegsende bringt ihnen nur einen schwachen Trost. Raya, Macha und Nahum haben überlebt. Die anderen sind tot.

1947 besuchen Raya und Macha meine Großeltern Ginda und Simkha in Frankreich. Die Erwachsenen unterhalten sich auf Russisch und Jiddisch. Die Kinder, Pierre und Hélène, die ersten ihrer Generation, die kein Jiddisch gelernt haben, können nicht verstehen, was sie sagen.

Pierre war damals zehn, und Macha seine Lieblingstante. Sie war derart großzügig. Raya dagegen weckte in ihm eher Mitleid. Was Pierre am meisten begeisterte und ihn noch heute begeistert, sind ihre Liebesgeschichten. Denn nach dem Krieg haben sie sich beide erneut verliebt. Macha in David und Raya in Elie.

1947 ist meine Mutter Hélène fünfzehn, sie findet sich zu dick, hat Pickel, und sie langweilt sich auf ihrem Mädchengymnasium. Ginda hat ihr nichts erzählt von ihrer Großmutter Mary, ihrer Cousine Salomé und ihrem Vetter Kalman. Sie sind tot, mehr lässt sich da nicht sagen. Ginda erzählt ihr auch nicht, was ihren Tanten Raya und Macha und ihrem Onkel Nahum widerfahren ist. Ginda sagt kein Wort über die Last, die Raya und Macha mit sich herumschleppen. Auch über das, was Hélène selbst erlebt hat, die Angst, die Flucht über die Demarkationslinie, die erlittenen Demütigungen, die Klosterschule, wird nicht gesprochen. Alles halb so wild. Sie ist lebendig, ihre Eltern und ihr kleiner Bruder Pierre ebenfalls, was will sie noch mehr?

Eines hat Hélène begriffen: Sie hat nicht mehr das Recht, sich zu beklagen, unaufrichtig oder launisch zu sein und düsteren Gedanken nachzuhängen. Sie muss perfekt sein, schweigen, auf dem Gymnasium fleißig arbeiten. Raya und Macha überhäufen sie mit Küssen, hätscheln sie, geraten vor Entzücken außer sich, als sei sie noch immer dasselbe reizende kleine Mädchen wie vor dem Krieg. Hélène ist so viele Liebesbezeugungen, so viele schmeichelnde Worte nicht mehr gewohnt. Ihre Tanten schieben ihre Zurückhaltung auf das Alter. Hélène ist fünfzehn, sie besitzt nur einen Rock und einen Pullover und glaubt, es sei ihr untersagt, ein wenig eitel zu sein. Wie kann sie etwas verlangen, wo sie doch das Wesentliche besitzt?

Sie ist lebendig. Sie bewundert die unerreichbare Eleganz von Raya und Macha. Ihre Pubertätsprobleme, davon ist sie fest überzeugt, sind ziemlich nebensächlich, dennoch wirken sie sich auf alles aus. Als sie siebzehn ist, sagt ihr Vater am Tag bevor die Ergebnisse der Abiturprüfung bekannt gegeben werden zu ihr: »Wenn du etwas mehr gearbeitet hättest, hättest du bestanden.«

Als sie das Ergebnis erfahren, wirft er ihr »mehr Glück als Verstand« an den Kopf. Sie wiederholt lachend die Worte ihres Vaters, denn sie weiß, dass es sich dabei um einen Ausdruck von Zärtlichkeit handelt. Simkha schenkt ihr Ballerinas von Carel. Sie ist überglücklich, fühlt sich dann aber oberflächlich, lächerlich, schuldig, dumm. Wie hat sie nur einen derart egoistischen Wunsch haben können wie ein hübsches Paar Schuhe? Ihre Cousine Salomé, ihr Vetter, der kleine Kalman, sind tot, und nichts ist von ihnen übrig geblieben. Hélène würde gern Kleider mit Vichykaro und gerafften Gürteln tragen, sie würde gern tanzen gehen, Verehrer haben und das schöne, unbeschwerte Leben kennenlernen. Doch sie sagt sich, dass nach all dem, was Raya und Macha widerfahren ist, und nach dem, was sie darüber herausgefunden hat, jegliches Vergnügen verboten ist. Alles an Hélène ist zart, die Nase, die Ohren, die Handgelenke, die Knöchel. Das hat sie von ihrem Vater Simkha.

Ginda ist rundlicher, hat blaue Augen. Ginda ist nicht unbedingt hübsch. Aber Ginda ist die Klügste, die Unabhängigste. Ginda besitzt einen sanften Willen, dem niemand widersteht.

Raya ist die Bezauberndste der Schwestern. Sie spielt Bachs italienisches Konzert auf dem Klavier, erzählt von ihrer Hochzeitsreise mit ihrem ersten Mann nach Rom, vor dem Krieg, vom *Hotel d'Inghilterra*, den Bettlaken aus ägyptischer Baumwolle, dem *caffè freddo* im

Garten und der veilchenfarbenen Leinenjacke, die sie sich bei einem Schneider in der Via Veneto hat anfertigen lassen. Raya hat lange weiße Hände und trägt als einziges Schmuckstück eine winzige goldene Uhr am rechten Handgelenk. Sie hat schon immer viel gelacht und lacht auch nach dem Krieg unvermindert weiter. Anscheinend zwingt sie sich nicht dazu, denn ihr Lachen hat den gleichen Ton wie ein Schluchzer. Sie ist liebevoll, zärtlich und sehr verliebt in ihren zweiten Mann Elie. Sie trägt das unvollendete Leben ihrer Tochter Salomé in ihrem Herzen. Sie wiegt in Gedanken noch immer den kleinen Körper ihrer Tochter in den Armen. Das ist Rayas geheime Zuflucht, sie redet auf ihre Tochter ein, als lebe sie noch, ist stets entzückt über ihre Gegenwart. Sie weiß, dass sie dem Untergang geweiht wäre, wenn sie den Glauben daran verliert, dass ihre Tochter noch immer in ihrer Nähe ist.

Macha ist die stärkste, die liebenswerteste und die großzügigste der drei Schwestern, auch wenn alle drei großzügig, liebenswert und wohlwollend sind. Jeder möchte mit Macha befreundet sein. Macha ist überzeugt, der Welt der Lebenden gegenüber eine nicht zu tilgende Schuld zu tragen. Sie liebt es zu geben und zu bezahlen. Man lacht oft über Macha, weil sie immer als Erste die Rechnungen bezahlt und besorgt fragt, ob sie auch genug bezahlt hat. Man trennt sich ungern von Macha, weil sie so gut zuhören kann, Ratschläge erteilt und immer das Beste voraussagt. Und oft hat sie recht. Alle, die das Glück hatten, sie kennenzulernen oder mit ihr befreundet zu sein, sagen nur Gutes über sie. Wenn jemand ein Problem hat, ist Macha sogleich zur Stelle. Sie duldet es nicht, dass man sich Sorgen über sie macht.

»Du solltest nach Jerusalem fahren, um Gila, Machas Tochter, zu befragen. Ich glaube, ihre Mutter hat den Mut gehabt, ihr alles zu sagen«, schlägt mir Pierre vor. Und anschließend reden wir wieder darüber, wie kompliziert doch die Beziehungen zwischen Männern und Frauen sind.

Ich fahre nicht nach Jerusalem zu Gila, weil ich in diesem Sommer lieber nach Griechland möchte. Schuld daran ist nur meine Faulheit, auch wenn ich mir sagen lassen muss, dass »Faulheit kein Instrument des Unbewussten« sei.

Ich liege auf einem Liegestuhl an einem Swimmingpool im Garten eines Luxushotels und lese *La Mort des Juifs* von Nadine Fresco. Ich bemühe mich, den Titel des Buches zu verdecken, damit die anderen Gäste nicht mitbekommen, in welch grotesker Situation ich mich befinde: Eine junge Frau in rotem Bikini, die Füße auf einem Designerhandtuch, mit einem Handy voller anzüglicher Nachrichten – und die liest das Buch von Nadine Fresco über den Mord an den Juden und glaubt, sie könne es verstehen? Dem Buch ist folgendes Zitat von Vladimir Jankélévitch als Motto vorangestellt: »Es genügt, treu oder gewissenhaft zu sein.« Ich bin weder treu noch gewissenhaft, ich bemühe mich nur, den Titel des Buches zu verdecken, weil ich befürchte, im Hotel schief angesehen zu werden. Was, die ist Jüdin? Findet die etwa nicht, dass es schon mehr als genug Bücher über den Holocaust gibt und dass ohnehin viel zu viel darüber geredet wird? Und dann hält die uns noch dieses Buch mit so einem anstößigen Titel unter die Nase!

Nadine Fresco zitiert den Bericht eines nach Litauen geschickten Leiters eines Einsatzkommandos. Er führt Tagebuch über die Anzahl der zwischen dem 2. Juli und dem 1. Dezember 1941 ermordeten Juden. »28. Juli 1941 in Jonischken: 47 Juden, 165 Jüdinnen, 143 jüdische Kinder.« Die Gesamtzahl der Hinrichtungen beträgt 137346, was den Leiter des Kommandos zu der Schlussfolgerung veranlasst: »Ich kann heute feststellen, dass das Ziel, das Judenproblem für Litauen zu lösen, vom EK. 3 erreicht worden ist. In Litauen gibt es keine Juden mehr, außer den Arbeitsjuden incl. ihrer Familien.«

Nadine Fresco geht auf das Gesicht eines kleinen Mädchens ein, das auf einem von den acht erhaltenen Fotos zu sehen ist, die Juden im Augenblick ihrer Hinrichtung durch ein Kommando der Einsatzgruppen in Estland zeigen. Die Kleine sieht mit abgewandtem Gesicht in die Ferne, blickt nicht den Mörder an, der vor ihr steht. Nadine Fresco schreibt dazu: »Ist es möglich, dass sie sich durch den Schutz ihres neugierigen Blicks für einen winzigen Moment dem sicheren Tod entziehen kann?« Ich sehe die Gesichter der kleinen Mädchen Salomé und Hélène auf den Fotos aus der Vorkriegszeit, die Neugier, das pulsierende Leben, das danach zum Stillstand gekommen ist. Salomé Bernstein, die Cousine meiner Mutter, wurde 1936 oder 1937 geboren, das genaue Datum weiß ich nicht. Ich betrachte meine lebendige Tochter Salomé, die wie durch ein Wunder jeden Morgen erwacht, auch wenn sie jede Nacht schreit.

Ein Anruf der CIVS, der Kommission für die Entschädigung der Opfer von Enteignungen aufgrund der Antisemitischen Gesetzgebung während der Okkupationszeit: »Ihre Großmutter Ginda Pachet hat am 20. Februar 2000 einen Antrag auf Entschädigung für die Plünderung ihrer Wohnung in der Avenue de Friedland Nr. 24 gestellt. Sie hat eine Entschädigung erhalten. »Nach Prüfung der Situation durch den zuständigen Ausschuss haben wir beschlossen, auch Ihnen eine Entschädigung zu bewilligen, weil Ihr Großvater Simkha Pachet während des Krieges seinen Beruf als Arzt nicht hat ausüben können. Aufgrund des Ablebens Ihrer Großmutter und Ihrer Mutter erhalten Sie 1500 Euro.«

Ich bekomme also 1500 Euro als Entschädigung und kann hoffen, dass man mir die Flucht über die Demarkationslinie, die ich nie überschritten habe, vergütet. Ist das ungerecht? Wieso soll ich entschädigt werden?

Ich spreche mit meiner Freundin Laurence darüber, sie gibt mir folgenden Rat: »Nimm das Geld, aber erzähl vor allem niemandem von dieser Abfindungsgeschichte. Wenn die Leute wüssten, wie viele Millionen dieser Kommission für die Entschädigung der Juden zur Verfügung stehen, würde das nur antisemitische Reaktionen hervorrufen. Ich erinnere mich noch genau, wie meine Schwiegermutter geklagt hat, als die Sendung *Holocaust* im Fernsehen gezeigt wurde: ›Diese Fernsehserie ist eine Katastrophe, eine echte Katastrophe für die Juden. Je weniger man über uns redet, desto besser geht es uns.‹«

Ich kenne vier Worte auf Jiddisch. Ein *goj*: ein Goi, ein Nichtjude. Ein *schmock*: ein Tölpel, ein Idiot. *Schlep*: schleppen, sich dahinschleppen. Eine *schickse*: eine Schickse, eine leichtlebige Frau. Ich nenne meine Tochter *puppi* und meinen Sohn *bubi*. Was an mir ist jüdisch? Ich esse gern eingelegte Heringe und Salzgurken. Und ich habe Angst. Ich habe ständig Angst davor, dass meinen Kindern etwas zustoßen könnte, ich bin nicht gläubig, und dennoch spreche ich jeden Abend vor dem Einschlafen ein Gebet, bete, dass ihnen nichts zustößt. Wenn ihnen etwas zustoßen sollte, würde ich es nicht überleben. Ich habe auch Angst vor lächerlichen Dingen, etwa wenn ich mir den Film *Fahrraddiebe* von Vittorio de Sica ansehe, hoffe ich immer, dass der Dieb am Ende nicht erwischt wird, eine aussichtslose Hoffnung, denn er wird natürlich jedes Mal geschnappt. Ich habe Angst, dass W. mich nicht ebenso liebt, wie ich ihn liebe, ich habe Angst, dass er bemerkt haben könnte, wie sehr ich gezittert habe, als ich ihm zufällig auf der Straße begegnet bin, und ich habe Angst, den Zug zu verpassen. In der Nacht vor einer Reise wache ich alle zwei Stunden auf, und wenn ich mit der Metro zum Bahnhof fahre, bekomme ich Bauchschmerzen, wenn der Zug etwas länger hält. Ich bin immer eine Stunde vor Abfahrt am Bahnhof, werfe einen besorgten Blick auf die Tafel mit den Abfahrtszeiten und frage mich: Was, wenn mein Zug nicht angekündigt ist oder wenn es zu spät ist, um einzusteigen? Ist das eine typisch jüdische Neurose? Ein Taxifahrer, der bemerkt hatte, dass ich alle fünf Minuten einen Blick auf meine Armbanduhr warf, hat mich einmal gefragt: »Sind Sie Jüdin? Jemand, der eine Stunde vor Abfahrt des Zuges da ist, muss ein Jude sein.« Wenn der Zug ohne mich abfährt, gibt es dann noch einen anderen, der mich ans Ziel bringt? Und wenn eines meiner Kinder sterben sollte, hätte ich dann noch den Mut, für das andere Kind dazubleiben?

Der Tag vor meiner Hochzeit. Die Großmutter meines zukünftigen Ehemannes nimmt meinen Arm. Sie ist in einer weißrussischen Adelsfamilie in Harbin zur Welt gekommen. Harbin ist eine Handelsmetropole in der Mandschurei, in der es eine große jüdische Gemeinde gegeben hat.

Wir sind in ihrem großen Haus in der Provence, in dem sie seit dem Krieg bedeutende Anhänger der Résistance, Kommunisten und Industrielle zu Besuch empfangen. Ihr Mann ist *Compagnon de la Libération* und verkauft Flugzeugmotoren an die Sowjetunion und

China. Sie sagt im Vertrauen zu mir: »Weißt du, ich bin entzückt, dass mein Enkel eine Jüdin heiratet, ich habe viele jüdische Freunde.«

Als Kind hatte sie das Recht, einmal im Jahr, am Ostersonntag, ihre Mutter zu küssen, und zwar auf die Hand. Ihre Mutter hat ihr eines Tages erklärt, hin und wieder müsse man Juden töten, um das Volk zufriedenzustellen, da die Juden alles Geld an sich rissen.

Und als mein zukünftiger Ehemann meiner Großmutter Ginda die Frage stellt, ob es sie nicht störe, dass ihre Enkelin einen Goi heirate, antwortet sie: »Doch, ich hätte es vorgezogen, dass sie einen der Unseren heiratet.« Anschließend entschuldigt sie sich bei ihm: »Es tut mir leid, das hätte ich dir nie sagen sollen.«

Im darauffolgenden Sommer habe ich meine Großmutter Ginda und meine Mutter für ein paar Tage in das große Haus in der Provence eingeladen. Abends trinken wir Kräutertee, den meine Schwiegermutter aus den von ihr selbst getrockneten Blüten der großen Linden im Park zubereitet. Sie stellt meiner Großmutter Fragen über die Kriegsjahre und ihre Familie: »Wie ist es Ihnen in dieser Zeit ergangen?« Ich bin in der Küche und bekomme nichts von dem Gespräch mit, bis meine Mutter wütend zu mir kommt und sagt: »Wie kann sie es nur wagen?«

Ich verstehe die Wut meiner Mutter nicht, warum ist es bloß so schwierig, darüber zu reden?

Im Fernsehen wird dieses Thema doch oft genug behandelt, in Sendungen, in Dokumentarfilmen, warum sollte man also nicht an einem Sommerabend darüber reden?

Und trotzdem habe ich es nie gewagt, mit meiner Großmutter oder meiner Mutter über Raya, Macha und Salomé zu sprechen, von deren kurzer Existenz ich inzwischen erfahren hatte. Vielleicht war ich zu frivol, lachte zu leicht, war unfähig, so etwas zu hören und zu verstehen.

Doch zehn Jahre später, an dem Tag, an dem ich ihre Geschichte erfuhr, habe ich zugehört, kein Urteil gefällt, ihr Verhalten gebilligt und war glücklich, endlich die Wahrheit zu kennen. Seither bin ich besänftigt, spüre keine Angst mehr. Ich habe das Recht, mich zu beklagen, böse zu sein, den Kummer meiner Mutter oder meiner Großmutter zu kennen und ihnen zu erwidern, Raya und Macha haben sich für das Leben entschieden, und sie haben gut daran getan, folgt ihrem Beispiel, vergesst die Schmach und die Schuldgefühle. Aber ehe ich mich imstande fühlte, der Geschichte von Salomé Bernstein, ihrem Vetter Kalman Blumberg und ihren Müttern Raya Bernstein und Macha Blumberg auf die Spur zu kommen, bin ich zehn Jahre lang mit Scheuklappen herumgelaufen.

Ich weiß nicht, welchen Weg ich einschlagen soll, um diese Geschichte zu schreiben. Soll ich in die litauische Provinzstadt Panevėžys fahren, in der meine Großmutter Ginda, ihre Schwestern Raya und Macha und ihr Bruder Nahum geboren wurden? Pierre hat mir die Kopie einer Seite aus dem Telefonbuch von Panevėžys aus dem Jahre 1930 gegeben. Er hat den Familiennamen meiner Urgroßeltern, Girsovicaite, ihre Adresse, Ramygalos gatvė 3, und ihre Telefonnummer unterstrichen. Auf der Seite befinden sich außerdem zwei Reklameanzeigen: die eine für Van Houten Kakao und die andere für einen Harley Davidson Vertragshändler.

Ich könnte auch nach Kaunas fahren und durch die Straßen laufen, die damals das Ghetto bildeten, in dem sie 1941 eingesperrt wurden.

Ich kaufe mir den *lonely planet*-Reiseführer über das Baltikum.

Panevėžys wird aufgrund seiner Kriminalitätsrate und der Mafia-Machenschaften das »Chicago Litauens« genannt. Das Haus von Gindas Eltern befand sich am *Laisves aikšte*, dem großen Platz im Stadtzentrum. Während der sowjetischen Besetzung war es der regionale Sitz der kommunistischen Partei. Dieser Platz wird im Reiseführer folgendermaßen beschrieben: »Ein von Bäumen bestandener Fußgängerplatz – angenehm für zwei Monate im Sommer, den Rest des Jahres jedoch tödlich grau. Ringsum liegen einige wenig ansprechende Cafés und Geschäfte.« »Panevėžys ist alles andere als ein Touristenmagnet. Nur wenige Reisende machen hier halt, es sei denn zum Umsteigen oder um an der Strecke von Vilnius nach Riga etwas zu essen.« »Hotel Panevėžys. Das einzige Hotel in der Innenstadt ist für seine unglaubliche sowjetische Scheußlichkeit berüchtigt. Beige und Braun dominieren im zwölfstöckigen Betonklotz.« »Kaunas steht im Ruf, eine ausufernde Stadt und eine Brutstätte der postsowjetischen Mafia zu sein.« Und, wie die Autoren schreiben, »ist die Qualität des Essens dort teilweise erbärmlich«. Man kann jedoch einen Botanischen Garten und das IX. Fort besichtigen, in dem »eines der düstersten Kapitel der grausamen Geschichte Litauens sichtbar wird«.

Ich fahre bestimmt nicht nach Panevėžys und auch nicht nach Kaunas. Ich habe eine gute Ausrede, es ist gefährlich. Ich habe im Moment nur eine Sorge: Ich möchte in diesem Sommer nach Griechenland fahren, auf die Insel Patmos, aber ich weiß nicht mit wem. Auf Patmos wache ich morgens um drei mit heftigen

Bauchschmerzen auf und bin überzeugt, dass ich mich nie wieder verlieben werde. Mein Sohn fragt mich spöttisch: »Wann fährst du denn endlich nach Litauen?« Er meint, dass der FC Vilnius einer seiner Lieblingsklubs sei. Ich erwidere schließlich: »Ja, eines Tages fahre ich bestimmt hin.« Aber ich sage ihm nicht die Wahrheit, ich habe nicht die geringste Lust, nach Litauen zu fahren. Ich habe nichts in Litauen zu suchen, ich habe keinerlei Bezug zu Litauen und zu dem, was dort geschehen ist. Meine Tochter Salomé schreit jede Nacht. Wenn sie sich an mich schmiegt, werde ich von panischer Angst erfasst. Und wenn es das letzte Mal sein sollte? Sie wird sterben, und ich habe dann keine andere Wahl, als auch zu sterben. Ich ersticke sie fast mit Küssen. Sie glaubt, das sei ein Spiel, sie weiß nicht, dass ich ihr Henker bin und ich mich dafür verfluche.

Wenn meine Kinder im *Jardin des Tuileries* Karussell fahren und ihre Holzpferdchen nicht mehr zu sehen sind, gerate ich in Panik. Sind meine Kinder nicht mehr da?

Warum brauchen die Pferde so lange, bis sie wieder auftauchen?

Vielleicht tauchen meine Kinder ja nie wieder lächelnd auf ihren Holzpferdchen auf.

Wenn Salomé nicht als Erste aus dem Schulgebäude rennt oder wenn ich abends ihr Schlafzimmer betrete, um ihr einen letzten Kuss auf die Wange zu drücken, habe ich immer Angst. Wäre es nicht Zeit, ein drittes

Kind zu bekommen? Das würde meinem Leben einen zusätzlichen Sinn verleihen.

An einem Sonntagabend erklärt mir mein großer Junge in der Küche: »Wenn ich erwachsen bin, werde ich Historiker.« Am Nachmittag hatte er mich gebeten, ob ich ihm nicht einen Dokumentarfilm über die Deportation der Juden während des Krieges heraussuchen könne. Salomé sagt darauf: »Ich weiß noch nicht, Mama. Vielleicht kannst du mir helfen? Ich weiß nicht, ob ich Tierärztin oder Friseuse werden soll.« Ich muss lachen beim Gedanken an einen Witz über Friseure. Ich war damals zehn, als mein Vater zu mir sagte: »Man müsste die Juden und die Friseure ausrotten, dann ginge alles besser.« Ich hatte darauf erwidert: »Und warum die Friseure?« Salomé schreit: »Warum machst du dich immer über mich lustig?« Sie rennt aus der Küche und schlägt die Tür hinter sich zu, ihr Bruder und ich rennen immer noch lachend hinter ihr her und entschuldigen uns bei ihr. »Du bist so schnuckelig, dass es unmöglich ist, nicht zu lachen, wenn man dich ansieht.« Dann gehen wir alle drei wieder in die Küche zurück. Salomé isst ihren Pfirsich, und der Saft läuft ihr über das Gesicht, als sei nichts geschehen. Anschließend wenden wir uns wieder ernsthaften Themen zu. Salomé fragt mich: »Warum hast du eigentlich keinen Freund?« Und ihr Bruder fügt hinzu: »Du könntest dir schon ein bisschen mehr Mühe geben.«

Raya und Macha haben nie über ihre toten Kinder Salomé und Kalman gesprochen, doch sie haben die ganze Zeit an sie gedacht.

Machas Baby, der kleine Kalman, kommt in den ersten Kriegstagen zur Welt und ist so kräftig, dass alle vor Entzücken außer sich geraten. Macha und ihr Mann nennen ihn *bubi*. Bereits an seinem ersten Geburtstag kann Kalman laufen. Doch mit zwei Jahren hat er noch immer keine Haare und kann noch nicht sprechen. Für Macha ist es fast eine Wohltat, im Ghetto von den ersten Sorgen zu erzählen, die sie sich über ihr kleines Kind macht. Man sorgt sich so sehr beim geringsten Anlass: Er hat sein Bäuerchen nicht gemacht, er hat noch nicht Bäbä gemacht. So als wären die Probleme im täglichen Leben auch nicht schwerwiegender. Macha stillt den Kleinen bis zum Schluss. Kalmans kleine Zähne tun ihr weh. Doch was würde sie heute dafür geben, wenn sie diesen seligen Schmerz noch einmal spüren könnte! Im Ghetto haben sie Anrecht auf 200 Gramm Brot proTag und alle vierzehn Tage 200 Gramm Pferdefleisch pro Erwachsenen. Auf dem Schwarzmarkt bekommt man mehr. Machas Mann Ulli hält seinen mit Mehl, Butter oder mit ein paar Kartoffeln gefüllten Hut in der Hand, wenn er an den litauischen Milizsoldaten vorbeigeht, die die Ein- und Ausgänge des Ghettos bewachen. Laut Vorschrift dürfen die Bewohner das Ghetto nur mit erhobenen Armen und unbedecktem Kopf betreten oder verlassen. Irgendwohin muss er seinen Hut ja tun. Auf diese Weise schleust Ulli also seinen »gefüllten« Hut durch. Das wird unter ihnen zu einem geflügelten Wort: »Heute Abend gibt es mal wieder einen guten gefüllten Hut zum Essen.«

Der Raum, in dem sie leben, hat keine Heizung und kein fließend Wasser. Macha erfindet Geschichten für ihren Sohn: »Huh, huh, wir leben in einer Höhle, aber zum Glück sind Papa und Mama da und vertreiben die bösen Bären.« Achtzehn Monate lang führen alle ein behelfsmäßiges Dasein im Ghetto. Kalman spricht seine ersten Worte: »Mama, Papa, huh, huh, böser Bär.« An Kalmans drittem Geburtstag veranstalten seine Mutter und seine Tante eine richtige Geburtstagsfeier für ihn – seine letzte. Erst werden Macha und Ulli von Kalman getrennt und schließlich die beiden voneinander. Nach der Befreiung durchquert Macha Deutschland und kehrt nach Litauen zurück – in der Hoffnung, ihren Sohn Kalman und ihren geliebten Mann wiederzufinden.

Macha schreibt ihrer Schwester Ginda einen Brief: »Was vor uns liegt, ist wie ein tiefer Nebel, aber wenn sie noch am Leben sind, denn nur das zählt, habe ich Geduld und kann lange warten. Erinnerst du dich noch an die Ferien im Gebirge mit Hélène? Sie hatte eine weiße Schleife im Haar und saß auf der Bettkante. Wir haben Ball mit ihr gespielt, was waren das doch für schöne Zeiten!« Sie ist sich sicher, dass diese Zeiten wiederkommen. Macha ist glücklich, weil sie einen Brief von ihrer Nichte Hélène und ihrem Neffen Pierre erhalten hat. »Wir haben euren Brief bekommen und ihn wieder und wieder gelesen. Einen Brief von den Kindern zu erhalten ist das vollkommene Glück. Hélènes Zeilen merkt man an, dass sie mit ganzem Herzen und ganzer Seele geschrieben worden sind, dafür würde ich sie am liebsten küssen. Und der liebe Pierre hat uns derart belustigt, dass wir laut gelacht haben.« Als sie diese Worte schreibt, weiß sie bereits, dass sie Kalman und Ulli nie wiedersehen wird. Früher hat sie allen so gern zärtliche Worte auf Russisch ins Ohr geflüstert. Wenn sie sich an ihre kleine Schwester Ginda wandte, dann nur auf Russisch, »meine kleine Gindaioschka, meine allerliebste Ginda«. Und als 1940 ihr Sohn Kalman geboren wurde, zu einem Zeitpunkt also, da die Katastrophe bereits abzusehen war, verkündete sie: »Er ist der Einzige, der mich dazu bringen könnte, den Verstand zu verlieren.«

Wie hat sie es bloß geschafft, nach dem Krieg nicht den Verstand zu verlieren? Sie hat gelernt, dass es einen anderen Grund gibt, am Leben zu bleiben: den Menschen zu helfen, die überlebt haben. Denn sie ist überzeugt, dass alle, die sie liebt, mehr gelitten haben als sie. Als die beiden Schwestern 1945 ein paar Monate in Gauting verbringen, sucht sie den ganzen Schwarzmarkt ab, um ein Barett für Raya zu finden, weil ihre Schwester seit jeher eine Vorliebe für diese so ungemein französische Kopfbedeckung gehabt hat. Ihr eigenes Leben ist ihr unwichtig geworden. Was zählt, sind die anderen.

1945 hat Ginda seit über fünf Jahren nichts mehr von ihren Schwestern Raya und Macha, ihrem Bruder Nahum, ihrer Nichte Salomé und ihren Schwagern gehört. Leben sie noch, oder sind sie tot? Zu diesem Zeitpunkt ist für sie noch alles in der Schwebe, so dass sie sich nicht einmal richtig über das Ende des Krieges freuen kann. Sie wartet auf eine Antwort, um ihr Leben wieder aufnehmen zu können. Sie weiß nicht, dass diese Antwort noch schmerzhafter ist als das Warten. Sie schreibt ans Rote Kreuz, schreibt an Adressen in Litauen, die es nicht mehr gibt, an Freunde in der Politik, an ehemalige Studenten, die im Osten leben, um ihre Geschwister, ihre Schwager und die Kinder Salomé und Kalman wiederzufinden. Sie hört von dem Gerücht, dass die Menschen aus dem Osten in der UdSSR festgehalten werden und die Kinder in Deutschland in Kolonien untergebracht seien, um das Land nach dem Krieg wieder zu bevölkern. Die Stunden des Wartens, ehe sie nachts Schlaf findet, sind endlos, und dann muss sie versuchen nicht stündlich durch Albträume oder Träume, die nur Lügen sind, aus dem Schlaf gerissen zu werden.

Der Krieg ist zu Ende, doch neue Qualen beginnen. Ginda träumt, sie seien lebendig, befänden sich alle auf einem großen Schiff, umgeben von einem lauwarmen Meer, und wacht verzweifelt auf, denn es war nur ein Traum. Ginda träumt, sie sähe sie auf der Straße, ihr gegenüber, sie ruft ihre Namen, Macha, Ulli, Raya, Max, Salomé, Kalman, aber sie hören Ginda nicht oder tun so, als hörten sie sie nicht. Sie sind ihr böse. Ginda hat sie in Litauen im Stich gelassen, ohne etwas von sich hören zu lassen, ohne ihnen zu helfen, während sie selbst in Frankreich, im Land der Menschenrechte war. Die baltische Abteilung des Internationalen Komitees des Roten Kreuzes antwortet Ginda und ihrem Mann in einem Schreiben vom 6. November 1945: »Zu unserem großen Bedauern müssen wir Ihnen mitteilen, dass unsere Nachforschungen auf große Schwierigkeiten stoßen. Wir können Ihnen leider nicht die Zusicherung geben, dass sie zu einem konkreten Ergebnis führen.« Zu diesem Zeitpunkt sind die ersten Briefe von Nahum, Raya und Macha bereits in Paris eingetroffen – mit guten und schlechten Nachrichten. Ihre Geschwister Raya, Macha und Nahum sind am Leben. Was für eine unglaubliche Freude. Doch Salomé, Kalman, Max, Ulli und Mary haben nicht überlebt. Gindas Trauer kennt keine Grenzen.

Im August 1945 trifft der erste Brief ein, er ist in München abgeschickt worden und trägt das Datum vom

1. Juli 1945. Er stammt von Gindas Bruder Nahum. Nahum lebt. Er hat 1942 im Ghetto von Kaunas eine junge Frau namens Myriam geheiratet. Doch er hat weder von Myriam, noch von Raya und Macha, noch von den Kindern Kalman und Salomé, noch von seinen Schwagern Ulli und Max etwas gehört.

Meine Gindaioschka,
nach endlosen Leiden und Qualen, die vier lange Jahre gedauert haben, bin ich noch unter den Lebenden, aber leider weiß ich nicht, wo unsere Freunde und Verwandten sind.
Am 1. August 1941 mussten alle Juden in das Ghetto von Kaunas ziehen, das im Vorort Slobodka errichtet worden ist.
Mama und ich haben mit Macha, Ulli und dem Kleinen gemeinsam in einem Zimmer gewohnt, und Raya, Max und die kleine Salomé sind wenig später zu uns gezogen. Das war für uns alle einigermaßen erträglich.
Am 26. Oktober 1943 ist ein großes Unglück geschehen. Mama, Macha, Raya, Ulli, Max, das Baby Kalman und die kleine Salomé sind weggebracht worden, und ich habe seitdem nichts mehr von ihnen gehört.
Wer von ihnen ist noch am Leben? Wer ist tot?
Erst wenn wir eine Antwort auf diese Fragen haben, können wir beginnen, ein neues Leben für uns aufzubauen.

Es wird erzählt, dass sich viele jüdische Kinder in einem Lager befinden.

Euer Nahum

Ein zweiter Brief trifft in derselben Woche ein, Raya und Macha haben überlebt. Nach zehn Monaten, in denen sie mit dem Zug oder zu Fuß umhergeirrt sind, haben sie Unterschlupf im Hotel Jelen in Bratislava gefunden. Mein Onkel Pierre hat zu mir gesagt: »Wenn du wissen willst, wie das Leben im Hotel Jelen 1945 ausgesehen hat, brauchst du nur das Buch *Ein Funke Hoffnung. Ein Holocaust-Tagebuch* von Aba Gefen zu lesen.«

Der israelische Diplomat mit litauischen Wurzeln berichtet, dass in den fünfundzwanzig Zimmern des Hotels Jelen in Bratislava zunächst etwa zweihundert Flüchtlinge unter relativ menschenwürdigen Bedingungen lebten. Doch als die Vereinigung der Holocaust-Überlebenden es ihren Mitgliedern ermöglichen wollte, Europa zu verlassen und nach Palästina auszuwandern, waren sie gezwungen, an die tausend Menschen dort unterzubringen. Mit einem Mal wurde die Situation unerträglich, die Verschmutzung und die Nachlässigkeit nahmen unbeschreibliche Formen an, so dass niemand mehr Schlaf finden konnte.

Aus diesem überfüllten Hotel schreibt Raya ihren ersten Brief an ihre Schwester Ginda.

Bratislava, am 7. Juni 1945
Meine Lieben,
viel Zeit ist vergangen. Viel Blut ist geflossen seit unserer Trennung. Es bricht mir fast das Herz. Es fällt mir schwer, euch zu schreiben, denn unsere Qual und unser Schmerz lassen sich nicht mit Worten ausdrücken, dabei müssten jene, die da sind, stark sein und sich freuen, dass sie noch am Leben sind. Macha und ich haben es geschafft, uns aus den Händen der Faschisten zu befreien, unser Bruder und seine Frau ebenfalls. Nahum hat im Ghetto geheiratet, er ist in München, und wir fahren bald zu ihm. Und Du, meine kleine Schwester? Wir hoffen, dass Simkha und die Kinder bei dir sind! Ich würde mich sehr freuen, wenn es möglich wäre, dass ihr herkommt, damit wir euch helfen können, alles Weitere gemeinsam zu unternehmen. Seid ganz herzlich gegrüßt,

Raya

Gauting, am 23. November 1945
Liebe Ginda, lieber Simkha, liebe Hélène, lieber Pierre,
ich schreibe euch direkt nach meiner Rückkehr aus Panevėžys, wo ich Papas Grab besucht habe, das unbeschädigt geblieben ist. Ich habe ihm unsern Schmerz und unsere Freuden erzählt und ihn gebeten, für uns zu beten. Anschließend bin ich zu Nahum gefahren, der in einem sehr gemütlichen

Haus wohnt, fast schon wie ein Pascha. Die Lebensbedingungen sind hier Gott sei Dank ausgezeichnet. Das Haus ist sehr gut eingerichtet. Es wäre schön, wenn ihr herkommen könntet, um euch hier bei uns auszuruhen, nach all dem, was ihr erlebt habt. Im Wald befindet sich ein äußerst angenehmes und bequemes Sanatorium. Nahum und Raya wollen nach Litauen zurück. Meine Lieben, ist das nicht ein zu schwieriges Vorhaben? Nach all dem, was wir Juden durchgemacht haben, gibt es nur ein Land, in dem wir uns zu Hause fühlen können: Eretz Israel. Ich habe vor, Hebräisch zu lernen.
Das Leben ist schwer. Ich wusste nicht, dass man sein Leben und sein Glück behüten muss, ich habe den Menschen, die ich liebe, Vertrauen geschenkt, ich habe mich nicht von ihnen trennen wollen, aber seither habe ich nicht viel für sie getan. Ich habe mein Leben aufs Spiel gesetzt, das möge man mir vergeben, denn aufgrund meiner kindischen Dummheit ist der Mann gestorben, den ich geliebt habe und der mich geliebt hat, und nun finde ich keinen anderen mehr.
Macha

Jorge Semprún erwähnt in seinem Buch *Schreiben oder Leben* die oberflächlichen, törichten Fragen, die ihm nach der Befreiung aus dem KZ Buchenwald gestellt wurden, wie etwa: »Das muss aber hart gewesen sein, oder?« Und wenn er versuchte zu antworten, den wahrsten, tiefsten und undurchdringlichsten Kern erzählte, dann verstummten die Fragenden, wollten es nicht hören. Niemand stellte Fragen, um etwas zu erfahren, sondern nur aus einer Art Höflichkeit heraus. Und das war völlig überflüssig. Jorge Semprún fügt hinzu: »Ich hatte eine lange Kur der Aphasie, der bewussten Amnesie gewählt, um zu überleben.« Denn nur die Allerwenigsten waren in der Lage zuzuhören.

Sobald Ginda erfährt, dass ihre Geschwister am Leben sind, reist sie allein mit dem Zug nach München. Ginda stellt Fragen, um herauszufinden, was geschehen ist und um Anteil nehmen zu können, sie hört schweigend zu, erfasst die Worte ihrer Geschwister, so als wären es ihre eigenen. Nichts wird verschwiegen.

Raya, Macha, Nahum und seine Frau Myriam berichten ausführlich über jede Tatsache, jedes Geschehnis, jedes Verschwinden. Sie übergehen auch nicht den schwierigsten Vorfall, der nur ein einziges Mal geschildert wird: das Ende von Salomé und vom kleinen Kalman. Raya und Macha teilen alles mit ihrer Schwester, auch die Freude, sich lebendig in München wiederzutreffen. »Was für ein Glück, dass wir noch am Leben sind!«, sagt Raya immer wieder. »Wir werden Kinder bekommen. Alles muss wieder von Neuem beginnen«, fügt Myriam hinzu, die erst dreiundzwanzig ist.

Ginda hört zu, wie Raya, Macha und Nahum die Ankunft der Sowjets in Panevėžys im Jahr 1940 beschreiben, die ersten antisemitischen Demütigungen, die ersten Beschlagnahmungen, das Massaker mit Schaufeln und Brechstangen von etwa einem Dutzend jüdischer Männer vor der Tankstelle Lietukis am 25. Juni 1941 durch litauische Aktivisten zur Begrüßung der soeben eingetroffenen Nazi-Truppen. Raya, Macha und Nahum berichten von den Anordnungen, die die Nazis schon in den ersten Tagen der Besetzung erlassen haben. Am 11. Juli 1941 müssen sich die Juden vor 18 Uhr in Slobodka, dem ärmsten Viertel von Kaunas, einfinden, das von den Straßen *Krekavana* und *Tulvicius* begrenzt wird, einem Ghetto, das sie nicht ohne Erlaubnis verlassen dürfen. Eine Liste mit genauen Angaben, welche Kleidungsstücke, welche Möbel und welche anderen alltäglichen Gegenstände sie mitnehmen dürfen, ist an sie ausgegeben worden. Jede Familie wird in einem Raum untergebracht. Das Zusammenleben organisiert sich allmählich – sowie der Schwarzhandel, aber auch ein kulturelles Leben. Man hatte den Juden im Ghetto erlaubt, Bücher mitzubringen. Macha übernimmt die Arbeit der Bibliothekarin. Während der Monate von Anfang 1942 bis Sommer 1943, in denen es keine Selektionen gibt, haben die Gefangenen des Ghettos von Kaunas innerhalb des abgeriegelten Geländes eine Bibliothek von mehreren tausend Bänden sowie ein Theater geschaffen. Macha und Raya lesen sentimentale jiddische Romane und russische Literatur. Und aus Anlass des hunderttausendsten aus der Bibliothek ausgeliehenen Buches wird ein Fest im Theater veranstaltet, Raya ist sogar auf die Idee gekommen, ein Plakat zu zeichnen. Sie hat ihren Flügel nicht mitnehmen dürfen, aber eine Bewohnerin aus Slobodka besitzt ein Klavier. Ein Instrument eines deutschen Herstellers, das diese Frau ins Theater hat bringen lassen. Auf diesem Klavier spielt Raya jiddische Lieder, die Melodien sind fröhlich, mitreißend und zugleich traurig. Alle singen im Chor mit.

Nahum, der sich in einer zionistischen Vereinigung engagiert hat, wird Mitglied des Ältestenrats der jüdischen Ghetto-Gemeinde, der mit den Nazis verhandelt und zugleich den bewaffneten Kampf unterstützt. Er verliebt sich in ein achtzehnjähriges Mädchen, das Myriam Shanele heißt, Myriam, die Schöne. Myriam ist groß, dunkelhaarig und hat hellblaue Augen. Er heiratet sie 1942 am Tag des Purimfestes im Ghetto. Macha und Raya erzählen Ginda mit glänzenden Augen von der Hochzeit, denn alles Schöne ist wichtig. Raya und Macha berichten Ginda schließlich, wie sie von ihren Kindern Salomé und Kalman und ihren Männern Ulli und Max getrennt wurden, von der Reise nach Estland und ihrer Ankunft im Arbeitslager Klooga. Und wie sie sich ans Leben geklammert haben. Sie wurden als Zwangsarbeiterinnen unter Aufsicht der Organisation Todt beim Abbau der natürlichen Ressourcen der Region eingesetzt. Der Lagerkommandant war ein SS-Offizier namens Wilhelm Werle, aber die Mehrzahl der Wachsoldaten waren Estländer. Wecken um 5 Uhr, Kaffee-Ersatz, Appell, Arbeit von 6 Uhr bis 12 Uhr 45, Suppe, Wiederaufnahme der Arbeit. Kein Abendessen. Ein Student der Universität Vilnius beschreibt im *Schwarzbuch* von Grossman und Ehrenburg, wie die Frauen aus dem Lager Klooga in den Steinbrüchen geschuftet haben und täglich vier Tonnen Steine schleppen mussten.

Als die Rote Armee im August 1944 vorrückte, wurden die beiden Schwestern mit der Mehrzahl der Inhaftierten ins KZ Stutthof verlegt. Später haben die beiden erfahren, dass die Insassen, die in Klooga geblieben waren, von einer Spezialeinheit ermordet worden sind, die den Auftrag hatte, die Leichen zu verbrennen und die Spuren des Lagers zu beseitigen. Nur achtzig Gefangenen ist es gelungen, sich zu verstecken und dem Blutbad zu entgehen. Nahum, der für das American Jewish Committee arbeitete, hat ein Exemplar der amerikanischen Tageszeitung *The New York Times* mitgebracht. Die Frauen haben darin die Reportage des Journalisten W. H. Lawrence über das KZ Klooga gelesen, ohne den Artikel zu kommentieren. Lawrence hatte im Oktober 1944 das Lager besucht, kurz nachdem die Spezialeinheit, die mit der Ermordung der Lagerinsassen beauftragt war, ihr Werk verrichtet hatte.

»Hier in Klooga habe ich die sterblichen Überreste

von 438 Männern, Frauen und Kindern gesehen und zählen können, darunter auch ein Baby, das kaum älter als drei Monate gewesen sein dürfte. [...] Manche Leichen trugen leichte Brandspuren, andere waren fast gänzlich vom Feuer zerstört, so dass nur die Knochen übrig blieben. Im Inneren der Baracken zeugen Berge von Holz und Knochen von der großen Anzahl der an dieser Stelle verbrannten Menschen. Im Hof habe ich die Leichen von 64 Menschen gezählt, Männer, Frauen, Kinder, darunter ein Baby, das einen roten Pullover, eine weiße Wollhose und ein blaues Hemd trug.

Dort befanden sich auch die Leichen von Menschen, die im Hauptgebäude mit Maschinengewehren erschossen worden waren und die die Deutschen aufgrund der Furcht, von der Roten Armee überrascht zu werden, nicht rechtzeitig haben verbrennen können.«

Nach dem Krieg erhofft sich Ginda gar nichts mehr. Was ihren Schwestern Raya und Macha und ihrem Bruder Nahum widerfahren ist, lässt keinerlei Raum für die geringste Form von Glück. Ihr Kummer ist so groß, dass es ihr die Sprache verschlägt. Sie sagt nicht mehr zu ihrer Tochter Hélène, wie schön sie ist, sondern hält sie nur zur Arbeit an, macht ihr nie ein Kompliment. Der Frieden bringt keinen Trost, die Toten können nicht zum Leben erweckt werden, allein das Schweigen erlaubt weiterzuleben, wie sie glaubt. Ein kärgliches, freudloses Leben ohne Glanz, das nur Arbeit und Anstrengung kennt. Raya, Macha, Nahum und Myriam entscheiden sich für das Gegenteil. Das Leben muss weitergehen.

Sie tun alles, was in ihrer Macht steht, um sich wieder zu verlieben, zu heiraten, Kinder zu zeugen und etwas Neues aufzubauen. 1946 trifft Macha in einem Zug David wieder. Er ist Arzt, hat seine Frau und seine beiden kleinen Mädchen verloren. Diese Worte werden ausgesprochen: »Ich habe meine Frau und meine beiden kleinen Mädchen verloren.« Er zeigt Macha ein Foto von ihnen. Macha spricht von ihrem Mann und ihrem kleinen Jungen. Für beide ist es das letzte Mal, dass sie die Toten erwähnen. Ob sie sich noch daran erinnere, dass sie sich 1938 auf einem Ball begegnet waren? Sie war ihm aufgefallen, dabei war er bereits verheiratet. Doch sie hatte sich geweigert, mit ihm zu tanzen. Heute sind sie beide allein. Als sie 1946 in München sind, schickt David zwei Wochen lang Macha jeden Tag einen Strauß rote Rosen. Er sieht, welche Kraft in ihr steckt, sie ist so voller Leben. Sie trägt einen langen Mantel der amerikanischen Armee und hat einen knallroten Lippenstift gefunden, den sie mit einer Mischung aus Sinnlichkeit und Ernst aufträgt. Als hänge ihr Leben davon ab. Unter all diesen Flüchtlingen, Deportierten, Juden aller Nationalitäten und verirrten Deutschen will sie elegant sein. David ist verliebt. Das ist ihm selbst ein Rätsel. Wie ist es möglich, sich nach Dachau und nach dem Verlust seiner geliebten Frau und seiner beiden kleinen Mädchen wieder zu verlieben? Doch er ist sich sicher, er ist in Macha verliebt. Seine ganze Zukunft hängt vom Lebenswillen dieser Frau ab, der er 1938 auf einem Ball und dann erneut in diesem Zug begegnet ist. Aber das erfordert Überredungskunst. Er tauscht auf dem Schwarzmarkt den Vorrat von Zigaretten für sechs Monate gegen diese roten Rosen ein. Er schreibt ihr. Nur mit ihr kann er es schaffen, ein neues Leben zu beginnen. Macha willigt ein, ihn zu heiraten.

Ihre Tochter Miri wird 1948 in München geboren, ihre kleine Schwester Gila erblickt 1950 in Tel Aviv das Licht der Welt.

Raya hat Elie in den Büros des American Jewish Committee kennengelernt. Sie ist allein dorthin gegangen, sie hat niemanden mehr, sie ist Witwe und muss ohne ihre kleine Tochter Salomé leben. Sie weiß, dass sie diese nie mehr in die Arme nehmen und sie nie mehr lachen hören wird. Salomé Bernstein war ein einzigartiges kleines Mädchen, kein anderes Kind war mit Salomé vergleichbar. Sie setzte alles durch, ohne jeden Druck, nur durch ihren Charme und ihren Willen. Sie hat vor dem Krieg ganz allein lesen gelernt. Im Ghetto liest sie alles, was ihr in die Finger fällt, Plakate, wissenschaftliche Werke, sentimentale Romane für junge Mädchen, naturwissenschaftliche Lehrbücher, philosophische Bücher, die Thora und Kochbücher. Sie probiert Rezepte aus, stellt Kuchen aus Erde und schlammigem Wasser her, Hühnerbrühe aus Steinen, Kartoffelpuffer aus Unkraut. Sie verteilt diese Köstlichkeiten mit großem Ernst. Sie erfindet das Spiel »Wie es vorher zu Hause war«. Sie tut so, als wolle sie ihren Teller nicht leer essen und kein Fleisch anrühren, als habe sie keinen Hunger mehr. Sie spielt lautlos, um die Erwachsenen nicht zu verletzen und ihnen zu verstehen zu geben, dass sie weiß, was vor sich geht. Im Januar 1943 beschließen die Wächter des Ghettos, alle Schriftstücke zu beschlagnahmen. Die Häuser werden durchsucht, Bücher und Manuskripte verbrannt; von da an müssen andere Mittel gefunden werden, um für Ablenkung zu sorgen. Salomé verkleidet sich, leiht sich vom Vater Kleidung aus, veranstaltet jeden Abend ein von Tanz und Gesang begleitetes neues Schauspiel, erfindet Geschichten, die immer ein gutes Ende nehmen. Salomé beschützt ihre Mutter. Salomé stellt Fragen über das Leben, das sie führen könnten, sobald sie nicht mehr im Ghetto leben müssen. »Kann ich dann Mohnkuchen essen? Kann ich dann ein Buch mit Geschichten und Zeichnungen von Scholem Alejchen haben? Ich wage dich nicht darum zu bitten, Mama, ich habe Angst, dass du nein sagst. Kann ich dann Tänzerin an der Pariser Oper werden, meine Tante Ginda, meine Cousine Hélène und meinen Vetter Pierre besuchen, der genauso alt ist wie ich?«

Seit Salomé nicht mehr lebt, ist jede Sekunde für Raya eine Qual.

Seit Salomé nicht mehr lebt, betet Raya jeden Abend vor dem Einschlafen: »Lass mich sterben, lass mich augenblicklich sterben.« Sie kann es nicht fassen, dass sie noch am Leben ist. Sie kann es nicht ertragen. Sie wahrt nur den Schein, denn sie hat keine andere Wahl. Sie hat überlebt. Sie sagt: »Vor mir ist nichts.« Ihre ältere Schwester Macha erwidert darauf: »Nein, das ist nur der Nebel« und schreibt folgendes Gedicht für sie.

Für meine kleine Raya

Auf den Trümmern der Vergangenheit
Baust du dir ein neues Leben auf
Sorgfältig willst du dir einen anderen
Aus dieser großen Zahl auswählen.

Möge dir das Leben den bringen, der dazu
imstande ist
Damit sich das Blut erneut erhitzt
Möge der, der durch ein Wunder am Leben
geblieben ist
Dich für ein neues Leben heilen.

Möge er sie erneut mit erfahrener Hand
Und voller Umsicht durchs Leben führen
Möge das Glück eine frohe Weise anstimmen
Wie ein freies Vöglein sie im Frühling singt!
Macha Blumberg

Und im Büro des American Jewish Committee in Gauting, der bayerischen Kleinstadt, in der sie Zuflucht gefunden haben, spricht ein Mann Raya an. »Sie sind ungemein hübsch.« Er heißt Elie Altmann. Und so hat Raya ein neues Leben beginnen können. Raya ist sehr verliebt in Elie, und Elie sehr verliebt in sie. Er sagt ihr: »Es ist unmöglich, Sie nicht zu lieben, Sie sind derart liebenswert.« Sie kann nur mit ihm und er nur mit ihr sprechen. Elie muss alles über Salomé erfahren, so als sei sie noch lebendig. Raya erzählt von Salomés glänzenden Augen, denn durch die Worte, die sie verwendet, um ihre Tochter zu beschreiben, bekommt ihre Zukunft wieder einen Inhalt. »Man konnte den Blick nicht von ihren Augen lösen. Sie war intelligenter als wir alle. Die Menschen rissen sich um sie. Die Frauen im Ghetto flehten mich an: ›Überlass uns Salomé einen Tag und ruh dich aus.‹ Doch ich wollte nicht. Ich wusste, dass die Stunden mit ihr gezählt waren. Salomé schmiegte sich an mich, überhäufte mich mit Küssen, kitzelte mich, erfand Geschichten. Und dann lachten wir beide. Wir befanden uns vor der Schwelle zum Tod und haben gelacht. Weißt du, dass ich niemanden so bewundert habe wie sie? Ich habe ihr Lesen und Schreiben beigebracht. Sie hat angefangen Gedichte zu schreiben, genau wie Macha und ich. Ich erinnere mich noch an einen Titel: *Die Sonne.* Sie lebte im Ghetto, war fünf, sechs, dann sieben Jahre alt, wusste, dass sie bald sterben würde, und schrieb mit ihrer kleinen, fleißigen Hand: ›Die Sonne scheint für uns alle.‹«

Am Tag, an dem Raya von Salomé getrennt wurde, war schönes Wetter. Raya hatte keine Entscheidung getroffen, weder zu bleiben, noch zu sterben. Raya ist einfach Macha gefolgt. Und seit jenem Tag ist Raya völlig verzweifelt. Sie hat das Gefühl, sich in eine Masse aus Stein verwandelt zu haben, in einen Körper, in dem kein Blut mehr pulsiert. In dem harten Kampf im

Arbeitslager gegen die Müdigkeit, die Kälte, den Hunger, den Durst, überwältigt vom Schmerz über den Tod ihrer Tochter, ahmt sie nur noch mechanisch die Gesten ihrer Schwester nach. Sie ist zu Machas Doppelgängerin geworden. Kein Wort, keine Geste geht auf sie selbst zurück. Sie lässt alles über sich ergehen. Wie hat sie nur überleben können, wo doch so viele, die weitaus stärker waren als sie, tot sind? Sie wagt niemandem einzugestehen, dass sie nur noch den Wunsch hat, alles möge endlich aufhören. Nur ihr eigener Tod könnte ein Trost für sie sein. Ihr Weiterleben hat keinerlei Sinn für sie. Macha hat sie in das Büro des American Jewish Committee geschickt. Sie hat Raya sogar bis zur Tür begleitet und ihr mehrmals gesagt, was sie dort beantragen solle. Bezugsscheine, aber kaum hat Raya den Raum betreten, erinnert sie sich schon nicht mehr, was für Bezugsscheine und warum überhaupt. Sie ist hilflos, hat keinerlei Wünsche, weder auf Bezugsscheine noch darauf, weiterhin so zu tun, als lebe sie. Haben ihr Bruder und ihre Schwester denn nicht gemerkt, dass sie sich in einen Klotz verwandelt hat? Nur wenn sie schreibt, hat sie das Gefühl, als rinne wieder Blut durch ihre Adern.

Macha und Raya haben Bratislava verlassen und sind nach Litauen gefahren, wo nichts auf sie wartete. Ihr Haus war beschlagnahmt worden, die Toten hatten kein Grab, auf dem man in Andacht verharren konnte, und nichts deutete mehr darauf hin, dass es vor dem Krieg dort eine Familie Girshovitz gegeben hatte. Russische Soldaten sagten auf Jiddisch zu ihnen: »Ihr seid verrückt, kehrt schnell zurück in den Westen. Die Tür, um das Land zu betreten ist riesengroß, aber ganz klein, wenn man es verlassen will.« Die beiden Schwestern fahren wieder in den Westen zurück, nach Deutschland, nach Gauting, wo sie durch Zufall ihren Bruder wiedertreffen. Die beiden gehen durch die Straßen von Gauting, Macha nimmt Raya an die Hand, zeigt ihr das große Theater, die alten Häuser, die noch aus dem Mittelalter stammen. Die Stadt ist von den Bombenangriffen der Alliierten so gut wie verschont geblieben, und auf der Straße treffen sie ihren Bruder Nahum. Die Chancen, dass sie sich dort begegnen, stehen etwa eins zu hunderttausend. Doch sie sind sich in der deutschen Stadt Gauting auf der Straße begegnet; beim American Jewish Committee finden sie etwas Anteilnahme, das Committee verschafft ihnen eine Unterkunft, versorgt sie mit Lebensmittelkarten und Kleidung. Sie müssen sich einmal in der Woche in das Büro der Organisation begeben, diesmal ist Raya an der Reihe. Macha lehrt sie nach und nach die Schritte, die für das tägliche Leben unerlässlich sind. Doch es ist ein ganz anderes alltägliches Leben, nämlich das einer Frau, die nach der Deportation in eine fremde deutsche Stadt gelangt, ohne Familie, ohne Zuhause, ohne Hab und Gut. Sie muss lernen, sich Lebensmittelkarten zu beschaffen, Schlange zu stehen, Anträge auszufüllen,

Züge und Busse zu nehmen und einen Schlafplatz zu finden. All diese Dinge, die Raya dem Leben und nicht mehr dem Tod näher bringen, wie jene im KZ Klooga, lehrt Macha sie. Ja, Macha ist stark, steht schon wieder mit beiden Beinen im Leben, ist voller Zukunftspläne, doch ab und zu bekommt sie keine Luft mehr. Das dauert nie sehr lange, dann schnürt sich alles in ihr zusammen und sie glaubt, dass sie es nie schaffen wird. Sie betet zu Gott, fleht ihn an: »Hilf mir, dass Raya und ich …, allein schaffe ich es nicht.« Sie betet, hat weder den Glauben ans Leben noch an Gott verloren, doch manchmal ist der Zweifel am Leben, an Gott und an der Liebe, die sie für andere Menschen empfindet, einfach zu stark. Und sie weiß nicht, wie das Leben, Gott und die Liebe plötzlich wieder da sind, und sie selbst ihren Platz wiederfindet. Niemand, nicht einmal Raya, die ihr so nahesteht, merkt, dass sie in diesen wenigen Momenten alles verliert und dann alles wiederfindet. Im Arbeitslager gab es nur das Ziel, durchzuhalten, aber hier in dieser deutschen Kleinstadt läuft Macha Hand in Hand mit ihrer Schwester über die Straßen, doch wohin? Nach rechts, nach links, geradeaus? Sie hätte nie gedacht, dass es so schwierig ist, den richtigen Weg zu finden, etwas zu essen aufzutreiben, in ihr Heimatland Litauen zurückzukehren, nach Paris zu kommen. Niemand erwartet sie, es gibt keinen Ort, der ihr als Ziel dienen könnte, niemand wird je verstehen können, dass sie ihr Leben und ihren Sohn hinter sich gelassen hat und dass das Leben, das sich vor ihr öffnet, ein anderes Leben ist. Es ist nicht mehr jenes, in dem sie die Mutter eines kleinen Jungen namens Kalman, die Frau eines Mannes namens Ulli, den sie geliebt und der sie geliebt hat, und die Tochter einer glühend verehrten Frau namens Mary gewesen ist. Nichts von dem, was sie in jenem Leben gewesen ist, gibt es mehr. Heute muss sie sich andere Ziele setzen, um weiterhin mit ihrer Schwester Raya, ihrem Bruder Nahum und ihrer Schwester Ginda zu leben. Irgendwo muss ein anderes Leben möglich sein, sie muss nur die Kraft finden, um dieses neue Leben zu beginnen, damit alle wieder lebendig werden.

Und als Raya dieses Büro betritt, zittert sie am ganzen Leib. Doch dann begegnet sie Elie. Er geht auf sie zu und fragt sie: »Brauchen Sie Hilfe?« Er nimmt ihren Arm. Sie fühlt sich wieder wie ein Kind. »In welchem Lager waren Sie?« Sie antwortet und fragt ihn dann: »Und Sie?« Er blickt sie an, als sei sie die schönste Frau der Welt. Raya ist fünfunddreißig, trägt einen schweren Mantel der amerikanischen Armee und hat sich das braune Haar zu einem Bubikopf mit Seitenscheitel schneiden lassen. Macha hat ihr ein schwarzes Barett auf den Kopf gesetzt und es schräg zur Seite gleiten lassen. »So siehst du eleganter aus«, hat die Schwester zu ihr gesagt, als habe Raya ein Rendezvous und sei noch lebendig. Eine Woche nach Rayas Begegnung mit Elie, den Pierre mir als »den charmantesten Mann« beschreibt, den er je kennengelernt hat, verfasst Macha folgendes Gedicht:

Hier in Gauting auf deutschem Boden
Schlafen zwei Frauen in einem Zimmer,
Das sie fest verriegelt haben.
Doch sie schlafen nicht wirklich,
Sondern fragen sich besorgt,
Was sie erwartet.
Es erwartet sie all das Herzeleid
Und die Erinnerung an die Vergangenheit.
Wir haben alles verloren, nichts mehr zu erwarten,
Nur ein Buch kann uns noch retten,
Unsere Mutter ersetzen
Sagt eine von ihnen gefühlvoll
Erst jetzt findet sie die Farben des Lebens wieder.

Elie [Altmann] hat einen Funken entzündet
Ist dadurch zu unserem Lehrer geworden, wenn er kann.
Bewahre ihn dein ganzes Leben.
Ihr seid Juden, die durch ein Wunder am Leben
geblieben sind
Ihr büßt für das Recht, euch gegenseitig zu lieben
Gemeinsam müsst ihr etwas aufbauen, arbeiten, leben
Und dienen, aus Liebe zu euerm Volk

Ich will euch beide wieder zusammen sehen
Dann schlafe ich allein in dem fest verriegelten Zimmer!

M. B.

Am 23. November 1945 zittert Raya, und in ihr zerbricht noch einmal alles. Sie wünscht sich, dass Elie die ersten Worte noch einmal wiederholt. Hat er tatsächlich zu ihr gesagt, sie sei hübsch? Und dank dieser Worte öffnet sich für Raya wieder die Tür zum Leben.

Abends findet sie sogar den Mut, dem Brief, den Macha an Ginda geschrieben hat, einen eigenen hinzuzufügen.

Gauting, am 23. November 1945
Wir ruhen uns hier bei Nahum von unserer siebenwöchigen Reise von Kaunas nach München aus. Macha und ich haben die schönsten Städte Europas besichtigt. Wir sind in die Oper, ins Theater, zu Konzerten, ins Museum und in Universitäten gegangen, aber überall waren die Säle leer. Mein lieber Max ist zwei Monate vor der Befreiung im Lager gestorben. Dass er die Zeit in Estland überlebt und so kurz vor der Erlösung die Welt verlassen hat, macht alles noch schmerzlicher. Wir hatten so schöne Kinder, strahlend wie die Sonne und gelungen wie nur Kinder von sich liebenden Eltern es sind. Wir haben sie unserer Mutter überlassen müssen, deren Name für alle Ewigkeit

geheiligt ist. Sie ist freiwillig mit unseren Kindern, dem kleinen Kalman und Salomé, davongegangen. Gott hat uns allen zwei gemeinsame Jahre mit den Kindern im Ghetto gewährt. Wir haben es jeden Tag, jede Minute genossen, zusammen zu sein. Aber unser Herz hat uns gesagt, dass dieses Glück nicht von langer Dauer sein würde.
Jetzt warten wir auf einen Brief von Dir.

Raya

Und im Büro des American Jewish Committee sieht Elie Raya und verliebt sich in sie, als hänge sein Leben davon ab. Raya schöpft neue Kraft aus dieser Begegnung und schreibt entzückt: »Elie zieht mich nach oben, zurück ins Leben.« Zwei Jahre nach den Entsagungen in den Arbeitslagern und der ständigen Nähe des Todes beginnt für Raya und Elie in München ein neues Leben: Sie verlieben sich, entdecken voller Erstaunen wieder, was Leidenschaft ist, und heiraten. 1948 bekommen Raya, die seit dem Tod ihrer Tochter von tiefer Trauer überwältigt ist, und Elie, der seine beiden Kinder verloren hat und jegliches Begehren für immer tot geglaubt hat, einen Sohn. Sie nennen ihn Benjamin, wie den jüngsten Sohn Israels. All das, was seit langem nicht mehr für sie existierte, Freude, Lebenslust, der Glaube an eine Zukunft, Genuss, Hoffnung, nimmt nach und nach wieder Form an, zunächst noch zögernd und verschwommen, doch dann immer nachdrücklicher. Elie und Raya können nicht nach Litauen zurückkehren, überlegen, ob sie nach Frankreich gehen sollen, um Rayas Schwester Ginda in ihrer Nähe zu wissen, doch angesichts der Schwierigkeit, ein Einreisevisum zu bekommen, verzichten sie darauf. Sie erwägen die Möglichkeit, in die USA auszuwandern, träumen davon, sich in Palästina niederzulassen. In Deutschland weiterzuleben ist undenkbar für sie. 1948 machen sich Raya und Elie mit ihrem Säugling Benjamin auf den Weg nach Israel, um dort Macha und David wiederzutreffen.

Nahum, der Bruder von Ginda, Raya und Macha trifft Myriam, die Frau, in die er sich verliebt und die er im Ghetto geheiratet hat, in München wieder. »Und so vermischt sich die tiefste Trauer mit der größten Freude«, schreibt er Ginda. Im selben Jahr, drei Jahre nach der Befreiung aus dem KZ, bekommen Nahum und Myriam ein Kind, wie Elie und Raya und wie David und Macha. Sie nennen den Jungen Samuel. Sie haben beschlossen, ein neues Leben in den USA zu beginnen, in New York, wohin ein Onkel von Myriam vor dem Krieg ausgewandert ist. Dank Nahums Beziehungen zum American Jewish Committee, das den jüdischen Flüchtlingen in Europa hilft, erhalten sie ein Einreisevisum.

Nahum, der in Litauen als Rechtsanwalt tätig war, hat die Altersgrenze überschritten, um sein Jurastudium in Amerika fortzusetzen und dort eine Zulassung zu erhalten, und wird daher Rechtsberater einer Vereinigung für die Entschädigung der Opfer des Zweiten Weltkriegs in New York. Er ist unser »Onkel aus Amerika«, er schickt uns Kaugummi mit Zimtgeschmack, *Jell-O*, ein farbiges Pulver, das, mit heißem Wasser vermischt, zu grünem, rotem oder gelbem Wackelpudding wird, und superweite Jeans. Meine Großmutter Ginda erklärt mir: »In den USA ist alles viel größer, sogar die Kleinwagen.« Er kommt mit seiner Frau Myriam und ihrer Tochter Faye, die die gleichen blauen Augen hat wie ihre Mutter, nach Paris. Er hat keinen amerikanischen Akzent sondern eine raue Stimme, die der meiner Großmutter und, wie mir scheint, der meiner ausgewanderten Großeltern gleicht. Sie haben einen amerikanischen Namen angenommen, aus Girshovitz ist Gershwin geworden. Mit zehn Jahren habe ich die Gershwins zum ersten Mal in Springfield, New Jersey, besucht. Als ich das Wohnzimmer betrete und den Fuß auf den Teppichboden setze, bin ich voller Bewunderung. Mein Fuß sinkt mehrere Zentimeter in die weiche Wolle ein. Wenn ich an Nahum Gershwin, meinen »Onkel aus Amerika« denke, denke ich an diesen dicken Teppichboden, an bunten Wackelpudding, an Kaugummi mit Zimtgeschmack, an seine Kinder Samuel und Faye, die beide so groß sind, und an Gindas Erzählungen, die ihren Bruder jeden Sommer besucht. Sie schreibt mir lange Briefe, in denen sie mir von den großen Kaufhäusern, den Grill-Partys und ihren Fortschritten in der englischen Sprache berichtet, aber sonst nichts, absolut nichts.

Mir kommt höchstens noch ein Satz in den Sinn, den Nahums Frau Myriam zu mir gesagt hat, als ich achtzehn war: »Als wir in den USA angekommen sind, war niemand da, um uns zu empfangen, niemand, um uns zu helfen, uns zuzuhören.« Dieser Satz ist mir aufgefallen, mir im Gedächtnis geblieben, ich weiß, dass Myriam und Nahum deportiert worden sind, aber »deportiert« war damals für mich ein Wort, das einer Erklärung bedurfte. Zum ersten Mal hörte ich, dass jemand sich beklagt. Auf der einen Seite war da all das, was in den KZs geschehen war und was sich nicht in Worten ausdrücken ließ, und auf der anderen das, was anschließend geschah und was sich durchaus sagen ließ. Die fehlende Hilfe und die mangelnde Bereitschaft zuzuhören riefen in ihr eine Wut hervor, die sich in Worte fassen ließ und auf die Myriam später noch einmal zurückkommen sollte.

Fünfundzwanzig Jahre später, im März 2011, schreibe ich Myriams Tochter Faye eine E-Mail: »Ich schreibe ein Buch über die Geschichte unserer Familie, über all das, was während des Krieges geschehen ist. Glaubst du, dass Myriam bereit ist, mit mir darüber zu reden?« Nachts habe ich einen Albtraum, Myriam schreit mich an: »Was sollen denn all diese Fragen, du tust uns weh, lass uns bloß in Ruhe, wir wollen vergessen und nicht darüber sprechen.«

Und am darauffolgenden Tag erhalte ich Fayes wunderbare Antwort.

»She would be so happy to speak to you«, sie würde sich sehr freuen, mit dir zu reden.

Und ich freue mich sehr darüber. Sie konnte es bisher nicht mit Worten ausdrücken, und ich war nicht imstande zu hören. Und plötzlich waren wir beide zur gleichen Zeit bereit.

Faye fügt noch hinzu, dass Myriam seit einem Jahr, also fünfundsechzig Jahre nach Kriegsende, in die Schulen in ihrer Umgebung geht, um als Zeitzeugin davon zu berichten. Myriam ist siebenundachtzig, sie lebt allein in dem Haus mit dem dicken Teppichboden in Springfield, New Jersey. Sie fährt noch Auto, hilft ehrenamtlich in einer Krankenhausbibliothek, spielt Mah-jongg, trägt Jeans und Sneakers. Sie zuckt die Achseln und seufzt *goyishe naches*, Vergnügungen für Nichtjuden, wenn man auf den Golfplatz weist, der an das Haus ihrer Tochter grenzt. Sie sieht noch immer wie eine amerikanische Schauspielerin aus, wie auf dem Foto aus dem Jahr 1946, das mir ihre Tochter zeigt und auf dem Myriam eine Uniform der amerikanischen Armee trägt. Sie spricht englisch mit einem sanften Akzent und verwendet jene jiddischen Worte, die in den amerikanischen Wortschatz eingeflossen sind. Myriam hat Salomé Bernstein gekannt, hat mit ihr gespielt, hat sie in die Arme genommen, hat sie mit Küssen überhäuft und war sich mit ihren Schwägerinnen darin einig, dass Salomé das hübscheste kleine Mädchen der Welt war, genauso reizend wie ihre Cousine Hélène.

Faye hat mir die Busnummer, den Abfahrtsort und

den Fahrpreis herausgesucht, damit ich von New York nach Springfield in New Jersey fahren kann, wo sie leben. In einer New Yorker Apotheke hängt ein Werbeplakat mit dem Text: »A bag for shlepping your stuff«, »eine Tasche, um Ihre Sachen zu transportieren« (aus dem Jiddischen *schlep*: transportieren, schleppen).

Am Vormittag des 14. April 2011 sitze ich in dem fast leeren Bus und habe Bauchschmerzen vor Aufregung, als führe ich endlich nach Kaunas und Panevėžys in Litauen. Ich muss an die Geschichte denken, die mir die Schriftstellerin Valérie Zenatti erzählt hat, die mehrere Bücher von Aharon Appelfeld ins Französische übersetzt hat. Valérie Zenatti ist in Nizza in einer jüdischen Familie nordafrikanischer Herkunft geboren. Mit neun Jahren belügt sie ihre Eltern, ihre Lehrerin habe ihr als Hausaufgabe aufgetragen, sich den vierteiligen Film *Holocaust* anzusehen, der abends im Fernsehen gezeigt wird. Anschließend wird sie jede Nacht von Albträumen verfolgt, die Nazis kämen, um sie abzuholen. Als sie dreizehn ist, ziehen ihre Eltern mit ihr nach Israel. Ihren Freunden dort macht sie weiß, dass ihre Großeltern aus Osteuropa stammen, sich versteckt haben und deportiert worden sind. Dadurch hat sie das Gefühl, einer gewissen Aristokratie Israels anzugehören, den Nachkommen der Holocaust-Opfer. Sie liest und schreibt, wagt aber nicht, von ihrer Angst zu berichten oder über sie zu schreiben. Eines Tages ruft sie Aharon Appelfeld an, und noch ehe sie den Mund aufmachen kann, sagt er zu ihr: »So, ich weiß, jetzt bist du so weit, nun kannst du diese Geschichte erzählen, als hättest du dich in den karpatischen Wäldern versteckt wie ich.«

In dem Bus, der durch New Jersey fährt, sage ich mir, so, jetzt bin ich in den Vororten von Kaunas. Die Fahrt dauert nur vierzig Minuten, aber alle zehn Minuten frage ich den Busfahrer: »Sind wir gleich da? Ist es die nächste Haltestelle?« Für diese Gelegenheit habe ich mir ein neues Heft und einen schwarzen Filzstift gekauft und betrachte die biedere Landschaft der amerikanischen Vorstädte, die Holzhäuser, die Shoppingcenter und die zahlreichen chemischen Reinigungen.

Faye erwartet mich an der Bushaltestelle, winkt mir zu, wir haben uns schon seit Jahren nicht mehr gesehen, und umarmt mich auf diese typische amerikanische Art, die mich ein wenig verunsichert. Faye hat die gleichen wasserblauen Augen wie ihre Mutter, ein paar Pfunde zu viel, und sie bedauert, dass sie »den dicken jüdischen Hintern geerbt hat«. Sie ist jovial, herzlich und erzählt mir, dass sie einer Selbsthilfegruppe für Kinder von Holocaust-Überlebenden angehört. »Wir befinden uns alle in derselben Situation, unsere Eltern haben uns nichts erzählt, wir wissen nichts.«

Faye, ihr Mann und ihre Kinder leben in einem typisch amerikanischen Mittelstand-Holzhaus in New Jersey. Dem Anschein nach ist alles ganz gewöhnlich, das große Auto, das Wohnzimmer mit den braunen Ledersofas, der dicke Teppichboden, der riesige Kühlschrank und die beiden Spülmaschinen. Im Auto frage ich sie, was sie über die Geschichte unserer Familie weiß, was ihre Eltern Nahum und Myriam ihr erzählt haben. »Zu Hause hat mein Vater viel vom Holocaust gesprochen, weil er für die Vereinigung für die Entschädigung der Kriegsopfer arbeitete. Er hat uns aus dem Leben seiner Klienten erzählt, was sie vor dem Krieg getan, was sie verloren und wie sie überlebt haben. Er hat viel über die anderen geredet, doch nie über sich selbst. Es war, als gäbe es ein unausgesprochenes Verbot, niemand hat mir verboten, Fragen zu stellen, aber ich habe gespürt, dass das kein Thema war. 1979 haben wir mit der Familie zwei Fernsehserien angesehen, *Roots*, in der Alex Haley, ein amerikanischer Schwarzer, die Genealogie seiner Familie bis nach Afrika, bis zur Sklaverei zurückverfolgt, und natürlich *Holocaust* mit Meryl Streep. Ich habe meine Mutter gefragt, ob der Krieg so gewesen sei, wie er hier im Film dargestellt wird. Sie hat darauf erwidert: ›Nein, was du da im Fernsehen gesehen hast, ist nicht einmal ein Zehntel von dem, was wir erlebt haben.‹ Mein Bruder Samuel hat mich beiseitegenommen und mich angeschnauzt: ›Du hast doch wohl nicht vor, ihr Fragen zu stellen?!‹«

Der zweite Vorname ihrer Mutter Myriam ist »Shanele«, die Schöne, und schön ist sie noch immer. Sie hat hellblaue Augen, braunes, leicht ergrautes kurzes Haar, lange Beine, und sie trägt immer Hosen und Sportschuhe. Sie ist siebenundachtzig, fährt noch Auto, und wenn ihre zwanzigjährige Enkelin Nicole zu ihr sagt: »Ich möchte einen Einkaufsbummel machen, komm doch bitte mit, du bist die Einzige in der Familie, die Geschmack hat«, zögert sie und antwortet: »Weißt du, Nicole, ich habe mein eigenes Leben und muss jetzt nach Hause.« Nicole erwidert darauf: »Dann entführe ich dich eben.«

Faye sagt lachend: »Es ist wirklich absurd. Meine Mutter ist am liebsten allein. Wenn ich sie zum Abendessen einladen will, muss ich sie buchstäblich anflehen.«

Myriam sitzt mit einem Glas Mineralwasser in der Hand auf dem beigefarbenen Ledersofa im Wohnzimmer ihrer Tochter. Durch die Fenster hat man Blick auf einen Golfplatz. Alles wirkt sehr amerikanisch. Auf dem niedrigen Tisch steht ein Teller mit Cookies. Myriam ist in Gedanken woanders. Sie ist zwar da, aber sie richtet sich aus einer anderen Welt an uns, einer Welt, in der man Jiddisch sprach, in der man *grieben* aß, das Schmalz von gebratenen Hähnchen, und in der Salomé noch lebendig war. Und diese verschwundene Welt will sie weitervermitteln.

»Vor etwa zehn Jahren habe ich im Fernsehen ein von der *Spielberg Foundation* aufgenommenes Interview mit einem ehemaligen Bewohner des Ghettos von Kaunas gesehen. Er war damals noch ein Kind gewesen und fand das alles wunderbar, er brauchte nicht mehr zur Schule zu gehen und konnte die ganze Zeit spielen. Das hat mich wirklich schockiert. Ist das vielleicht ein Zeugnis, das es wert ist, überliefert zu werden? Ich sehe noch die Plakate am Eingang zum Ghetto, auf denen auf Litauisch zu lesen war: ›Der Jude, dein ewiger Feind‹ oder ›Stalin, die Juden, derselbe Teufel‹. Zwei Jahre später hat mich ein Typ von der *Spielberg Foundation* angerufen und mich mit folgendem Argument überredet: ›Ich möchte, dass Sie aus Ihrem Leben vor dem Krieg erzählen, aus jener Welt, in der Jiddisch gesprochen wurde, einer Zeit, als man noch Romane, Theaterstücke und Lieder in dieser Sprache schrieb.‹ Und da habe ich zugesagt, denn die Menschen sollen wissen, dass diese verschwundene Welt eine glückliche Welt war.«

Myriam wurde 1924 in Memel geboren (einer ursprünglich deutschen Stadt im Memelgebiet, das durch den Versailler Vertrag zunächst der Völkerbundverwaltung unterstellt und anschließend zu einem autonomen Gebiet unter der Souveränität Litauens proklamiert worden ist).

Ihr Vater leitete eine Textilfabrik, er war der Erste seit zwölf Generationen in seiner Familie, der nicht Rabbiner geworden war. Myriam war Gymnasiastin, als 1938 ihre Schule, die Parks und die Bürgersteige ihrer Heimatstadt den Juden verboten wurden. Ihre deutschen Klassenkameraden gaben ihr regelmäßig das Unterrichtsmaterial, damit sie weiterlernen konnte, und sie lieh sich Bücher in der Bibliothek aus. Sie und ihre Eltern waren überzeugt, dass die Situation sich verbessern würde. Zwei Vettern aus Wien, die aus Österreich geflohen waren, lebten bei ihnen. Sie berichteten von den Plünderungen der jüdischen Geschäfte und vom Antisemitismus. Sie lebten in Memel, wo Juden und Nichtjuden seit jeher zusammengelebt hatten. Doch nichts hat sich verbessert, und Myriam zog mit ihren Eltern und ihren österreichischen Vettern nach Kaunas in Litauen, wo eine Tante sie aufnahm.

»In Kaunas, wo wir vor dem Krieg gelebt haben, gab es einen herrlichen Tenor. Immer wenn ich konnte, bin ich in die Oper gegangen. Eines Tages hat mein Großvater zu mir gesagt: ›Du bist so klug, meine Schöne, dass du eines Tages bestimmt in ein Flugzeug steigen wirst.‹ In ein Flugzeug zu steigen war zu jener Zeit ein großes Abenteuer. Wir lasen die Zeitung, ich wusste, was in Äthiopien geschah, die Krönung des Negus, und dass der Prince of Wales aus Liebe auf den Thron verzichtet hat. Ich träumte davon, Dolmetscherin oder Rechtsanwältin zu werden. Mein Lieblingsgericht war Griebenschmalz. Ich habe *Pinocchio* auf Russisch gelesen und mir vor Lachen in die Hose gemacht. Und nach dem Krieg, als wir deine Großeltern in Frankreich besucht haben, haben wir uns mit deinem Onkel Pierre den Film im Kino angesehen. Er muss damals etwa zehn gewesen sein, und auch er hat sich vor Lachen in die Hose gemacht. Aber na ja, vielleicht sollte ich dir das nicht erzählen. Er ist ja inzwischen ein bekannter Intellektueller geworden.

Und da ist noch etwas, was ich dir vielleicht nicht erzählen sollte. Ich bin in einer sehr frommen Familie aufgewachsen, einer Familie von Rabbinern seit zwölf Generationen. Seit dem Krieg glaube ich noch immer an unsere Traditionen und an unsere Kultur, aber ich glaube nicht mehr an Gott. Wie hat Gott es nur zulassen können, dass eine Million Kinder umgebracht worden ist? Wie hat Gott zulassen können, dass ein kleines Mädchen wie Salomé und der kleine Kalman umgebracht worden sind?«

In Kaunas ging Myriam auf ein litauisches Gymnasium und hatte Mühe, die Sprache zu verstehen. Sie hat sich in einen Jungen verliebt, den sie als sehr elegant und sehr gutaussehend beschreibt. Siebzig Jahre später »sieht« sie ihn noch vor sich stehen, groß und blond.

Sie erinnert sich nicht mehr an die Farbe seiner Augen, wohl aber an seinen Namen. Er hieß Elie Bergman.

Myriams Enkelin Nicole ruft: »Was, du bist mit einem Jungen gegangen? Seid ihr auch am Wochenende zusammen weggefahren?«

»Also, was du dir gleich zusammenreimst! Glaubst du etwa, wir hätten miteinander geschlafen?«, sagt Myriam genervt. »Wir sind zusammen im Park von Kaunas spazieren gegangen, das war alles.«

Dann fährt Myriam mit ihrem Bericht fort, fast so, als erzähle sie uns die Geschichte einer anderen Frau, die sie in einem früheren Leben kennengelernt hat.

»Im Juli 1941 sind wir alle gezwungen worden, mit ein bisschen Kleidung und etwas Geschirr ins Ghetto von Kaunas zu ziehen. Jede Familie eingepfercht in einen Raum. Da ich Deutsch sprach, bin ich Putzfrau beim Ghettokommandanten Alfred Tornbaum geworden. Auf diese Weise habe ich erfahren, was mit meinem Verehrer geschehen ist. Eines Tages haben die Deutschen fünfhundert jungen Juden eine freiwillige Arbeit angeboten. Mein Freund Elie ist mit ihnen weggegangen. Wir dachten damals, dass man gute Chancen hätte zu überleben, wenn man sich den Befehlen beugte. Vierzehn Tage später hatte ich noch immer keine Nachricht von ihm. Ich habe den Burschen des Kommandanten gebeten, sich zu erkundigen. Der Bursche war sehr nett zu mir, er gab mir oft Reste der Mahlzeit des Kommandanten oder ein Stück von dem Kuchen, den ihm seine Frau schickte. Der Kommandant, der sich mir gegenüber immer sehr korrekt verhalten hat, hat ihm gesagt: ›Es tut mir leid für Myriam.‹ Mein Verehrer war tot. Ich habe nicht gewagt, es weiterzuerzählen, weder seinen Eltern noch sonst jemandem. Eines Tages, als ich mit dem Burschen am Tisch saß, manchmal haben wir gemeinsam gegessen, hat er erklärt: ›Myriam, ich muss dir etwas Wichtiges gestehen. Ich weiß nicht, ob ich den Mut habe, es auszusprechen und es zu tun. Aber es wäre besser, denn ich mag dich gern.‹

›Sagen Sie es nur.‹

›Ich würde dich am liebsten umbringen, Myriam.‹

Ich war völlig entsetzt.

›Aber warum wollen Sie mich denn umbringen?‹

Und dann hat er mir erklärt: ›Weil ihr alle sterben werdet, und wenn ich dich heute mit einer Pistole erschieße, würdest du sterben, ohne zu leiden.‹

Diese Art von Beziehung hatten wir miteinander. Ja, dieser Bursche war recht gut zu mir.«

»Wie hieß dieser Bursche?«

»Ich erinnere mich nicht mehr. Als ich nach dem Krieg in München war, hat man mir angeboten, als Zeuge gegen den Kommandanten Tornbaum vor Gericht auszusagen. Doch ich habe nicht den Mut dazu gehabt.

Dank meiner Arbeit als Putzfrau beim Kommandanten und anderen deutschen Offizieren sind meine Tante und ihre beiden Kinder bei der ersten Selektion im Oktober 1941 gerettet worden. Man hatte uns gesagt, wir sollten alle um sieben Uhr morgens draußen warten. Ein deutscher SA-Offizier der Gestapo wies mit dem Finger nach links oder nach rechts. Es war sehr kalt und schneite. Diejenigen, die nach rechts gehen mussten, wurden von litauischen Polizisten bewacht, wir wussten, was mit ihnen geschehen würde. Meine Tante und ihre beiden Kinder waren schon in der Gruppe auf der rechten Seite, als ich plötzlich den Kommandanten entdeckte, für den ich arbeitete. Er war vor dem Krieg Bankbeamter in Berlin gewesen, ich bin zu ihm hingegangen und habe auf meine Tante in der rechten Gruppe gezeigt. Er hat sie geholt. Ich erinnere mich auch an einen jungen deutschen Soldaten, der mich gefragt hat: ›Bist du Myriam Lichtenstein aus Memel?‹

›Ja, das bin ich.‹

›Wir haben miteinander gespielt, wir waren in derselben Schule, erinnerst du dich noch?‹

Dann hat er mir Gebäck geschenkt, das ihm seine Mutter geschickt hatte.

Im Ghetto wurde viel Schwarzhandel mit den Litauern betrieben. Wir tauschten Dinge ein, die wir hätten behalten können. Die Deutschen hatten uns eine genaue Liste dessen verteilt, was ins Ghetto mitgenommen werden durfte: zwei Sommerkleider, zwei Winterkleider und einen Mantel für die Frauen, vier Anzüge für die Männer, und pro Person drei Garnituren Unterwäsche zum Wechseln, zwei Töpfe, eine Garnitur Bettwäsche und ein Besteck. Alles war straff durchorganisiert. Wir mussten Litauer dafür bezahlen, dass sie uns beim Umzug ins Ghetto halfen. Wenn wir das

Ghetto verließen, um zu arbeiten, haben wir mit Litauern Überbleibsel aus unserem früheren Leben wie Kleidung, Bettwäsche und Alltagsgegenstände gegen Nahrungsmittel eingetauscht. Einmal habe ich für ein Paar Betttücher aus Leinen einen schönen Klumpen Butter erhalten. Aber der Litauer hat mich betrogen, denn das Innere des Klumpens bestand aus Kartoffelbrei. Aber immerhin, das war besser als nichts, ich hatte wenigstens etwas Butter ergattert.

Im Ghetto gab es eine Schule, ein Krankenhaus und den Ältestenrat, der von Dr. Elkes geleitet wurde, einem gutmütigen Mann, der alles tat, um uns in Schutz zu nehmen. Da ich das Recht hatte, das Ghetto zu verlassen, um beim Kommandanten zu putzen, vertraute man mir Briefe an. Und beim Austragen der Post habe ich eines Tages meinen zukünftigen Mann Nahum kennengelernt, den Bruder deiner Großmutter Ginda. Vierzehn Tage später haben wir geheiratet, am 3. März 1942, am Tag des Purimfestes.«

»Myriam, hast du dich in Nahum verliebt, als du ihn im Ghetto kennengelernt hast?«

Sie erwidert, »vermutlich« und fährt rasch fort.

»Dank des Schwarzmarkts und des Einfallsreichtums von Raya und Macha haben wir ein richtiges Hochzeitsfest gefeiert, es gab Krapfen aus Mehl, *gefilte fisch,* wenn auch ohne Fisch, stattdessen aus Kartoffeln, und *latkes,* Reibekuchen, aus Kartoffelschalen.

Nahum und ich wohnten in einem Raum, Raya, Macha, ihre Ehemänner und ihre Kinder, Salomé, die so fröhlich war, und der kleine Kalman lebten in einem anderen Raum. Auch deine Urgroßmutter Mary wohnte bei ihnen.

Ich bin schwanger geworden, eine Katastrophe. Ich wusste bereits, was den Müttern und ihren Kindern bevorstand: die rechte Seite. Raya, Nahum und Macha haben mir gesagt: ›Behalte das Kind, alles wird sich zum Guten wenden.‹ Das war im Frühling 1943. Sie haben mich ermuntert: ›Amerika ist in den Krieg eingetreten. In sieben Monaten kommt das Baby zur Welt, dann sind wir alle frei.‹

Raya, Nahum und Macha sind immer zu optimistisch gewesen, genau wie Machas Tochter Gila, sie sehen alles durch eine rosarote Brille. Ich habe abgetrieben. Raya, Macha und ihre Kinder sind bei den ersten Selektionen verschont worden. Ich weiß nicht mehr, wie und warum. Es gibt viele Dinge aus jener Zeit, die mir entfallen sind. Ich habe mich derart bemüht, sie zu vergessen.«

»Erinnerst du dich noch an Salomé?«

»O ja, ich erinnere mich an Salomé. Sie war ein reizendes kleines Mädchen, sie spielte gern mit einer kleinen Trommel, die wir ihr zum Purimfest aus einem Stück Holz gebastelt haben. Wir haben uns alle viel um sie gekümmert, ihre Großmutter, ihre Mutter, ihre Tante und ich. Salomé war ein sehr fröhliches kleines Mädchen.«

»Hatte sie begriffen, dass sie in einem Ghetto lebte und dass ihr Leben in Gefahr war?«

»Das glaube ich nicht. Wir Erwachsenen haben immer zu ihr gesagt, alles sei in bester Ordnung, bald könnten wir wieder nach Hause zurück. Wir haben viel Energie darauf verwandt, die Kinder zu schützen, damit sie nichts merkten.

Als ich klein war, wurde alles getan, um den Tod vor uns zu verheimlichen. Hier in den USA ist das anders. Als mein Mann gestorben ist, wollte meine Enkelin unbedingt zur Beerdigung mitkommen. Früher bei uns gingen Kinder nie zu Beerdigungen. Und im Ghetto haben Salomé und Kalman auf diese Weise gelebt, nichts Schlimmes konnte ihnen zustoßen. Tod, Krankheit, Hunger, Angst existierten für sie nicht, all das haben wir für uns behalten, damit sie nichts davon mitbekamen.

Doch von der Selektion am 26. Oktober 1943 war die ganze Familie betroffen. Raya und Macha sind nach Estland ins KZ Klooga deportiert worden und ich nach Polen ins KZ Stutthof.«

Ich unterbreche Myriam: »Und die Kinder, weißt du, wie es Salomé und Kalman ergangen ist? Und meiner Urgroßmutter?«

Ich habe diese Frage sehr schnell gestellt, fast gestammelt. Habe ich das Recht, so eine Frage zu stellen?

»Ich war weit weg in der Reihe, ich weiß nicht, was geschehen ist.«

»Und als ihr euch nach dem Krieg wiedergesehen habt, habt ihr da nicht von den Kindern gesprochen, was mit ihnen geschehen ist?«

»Nach dem Krieg haben wir uns in München wiedergetroffen, Nahum und ich, Raya und Macha, wir haben alle in einem richtigen Haus gewohnt und hatten sogar ein deutsches Hausmädchen, das man uns zur Verfügung gestellt hat. Sie hatte für die früheren Hausbesitzer gearbeitet, Nazis, und nun musste sie den Haushalt für Deportierte führen. Unsere Gespräche drehten sich nur um ein Thema: Was sollen wir aus unserem Leben machen?«

»Du hast nicht auf meine Frage geantwortet. Haben Raya und Macha dir nicht erzählt, was mit den Kindern geschehen ist?«

»Nein, wir haben nicht über die Kinder gesprochen.«

»Warum?«

»Das war zu hart, außerdem haben wir alle anschließend gesunde Kinder bekommen und ein angenehmes Leben geführt, das war die Hauptsache.

Als mein Sohn Samuel etwa zehn Jahre alt war, hat er mich eines Tages gefragt, warum er keine Großeltern habe wie seine Freunde. Ich habe versucht, ihm das zu erklären so gut es ging. Wir hatten Freunde hier in New Jersey, die ihrer kleinen Tochter ständig vom Holocaust erzählt haben, ihr ganzes Haus war eine dem Holocaust gewidmete Gedenkstätte. Und die arme Kleine hatte nicht eine einzige Freundin, niemand wollte mit ihr spielen. Faye, erinnerst du dich noch an unsere kleine Nachbarin?«

»Und dein Mann Nahum, hast du mit ihm darüber reden können? Er ist doch auch deportiert worden.«

»Selbst mein Mann und ich haben nur selten über die Zeit im KZ gesprochen. Manchmal sagte er aus irgendwelchen Anlässen, dass ihn das an Dachau erinnere. Ich ertrug es nicht mehr, zu putzen, zu festen Zeiten zu arbeiten, Vorschriften einzuhalten und in einer Gruppe zu leben, ich bin am liebsten allein. Als ich noch gearbeitet habe, habe ich immer befristete Stellen angenommen, um kündigen zu können, wann es mir passte. Das konnte mein Mann gut verstehen, denn er hat dasselbe erlebt wie ich.

Wer konnte schon begreifen und sich damit abfinden, dass es nicht eine Form von Starrsinn war, abgesehen von Nahum? Der einzige andere Mensch, bei dem ich immer das Gefühl gehabt habe, gehört zu werden und auf Verständnis zu stoßen, ist deine Großmutter Ginda.

Deine Großmutter und ich haben oft über den Krieg gesprochen. Wenn Ginda mich in New York und später hier in Springfield besuchte, ging Nahum zur Arbeit, die Kinder waren in der Schule, und wir beide konnten uns in Ruhe unterhalten.«

Nach jeder dieser Aussprachen fragt mich Myriam ungeduldig: »So, what else do you want to know?«, also, was möchtest du sonst noch wissen?

Das Thema KZ rückt immer näher, meine Fragen werden immer unpräziser und ihre Antworten immer ausweichender.

Wie soll man die Frage nach dem Leben im KZ stellen? Ich muss an Jorge Semprún denken und seine Aufzählung von dummen Fragen von denjenigen, die nicht im KZ gewesen sind.

»Wie war das in Stutthof?«

»Im Arbeitslager Stutthof hatten wir Anrecht auf ein kleines Stück Brot am Morgen und eine Suppe am Abend. Ich hatte ein Paar Pantoffeln erhalten, aber ich habe einen Pantoffel verloren. Anschließend habe ich meine Füße mit Stofflappen umwickelt, und so bin ich durch den Schnee gelaufen. Wir mussten mehrere Kilometer zurücklegen, ehe wir an unsere Arbeitsstelle kamen, wo wir Schützengräben ausheben mussten. Wer unterwegs haltmachte, wurde erschossen.

Manche KZ-Insassen liefen barfuß durch den Schnee und weinten vor Kälte. Ich habe miterlebt, wie einer der Aufseher lachend geschrien hat: ›Ich habe schon lange darauf gewartet, endlich einen Juden leiden zu sehen.‹

Einmal hat mich ein Aufseher angesehen und gerufen: ›Diese Alte da, die können wir nicht für diese Arbeit nehmen.‹ Damals war ich zwanzig.

Im Lager waren zwei Kinder, ein elfjähriger Junge

und ein neunjähriges Mädchen. Einer der Aufseher erlaubte ihnen, in der Nähe seines Holzofens zu bleiben, und gab ihnen etwas zu essen. Ja, manchmal begegnete man noch Leuten, die in uns menschliche Wesen sahen, aber ich hatte nicht mehr den Eindruck, eines zu sein.

Bei unserer Ankunft im KZ Stutthof gegen Ende Oktober 1943 waren wir achthundert Frauen. Bei der Befreiung im April 1945 waren über hundert von uns tot. Wir waren sehr stark. Wir waren frei, aber was sollten wir tun? Wer wartete auf uns? Wer war noch am Leben? Existierte die Welt noch? Wir wussten nichts. Wir waren keine Kriegsgefangenen, niemand wusste mit uns etwas anzufangen. Ich bin Richtung Osten gegangen, wollte nach Litauen, doch unterwegs haben mich russische Soldaten angehalten und zu mir gesagt: ›Du bist *meschuge*, geh nach Westen. Die Tür, um Litauen zu betreten ist riesengroß, aber ganz klein, wenn man das Land verlassen will.‹«

»So? Ich dachte, diese Sache sei Raya und Macha passiert?«

»Wer hat dir denn so eine Dummheit erzählt? Die Leute aus deiner Generation haben keine Ahnung.«

Ich habe Myriam vorgeschlagen, uns gemeinsam die DVD der *Spielberg Foundation* mit ihrem Bericht über Stutthof anzusehen. Sie ist einverstanden, doch nach ein paar Minuten sieht sie mich mit betrübter Miene an und sagt: »Ich habe zu starkes Herzklopfen, es macht mir Angst, meine Stimme zu hören.«

Wir schalten den Fernseher aus.

Dann erklärt sie: »Der Typ von der *Spielberg Foundation* hat verwundert zu mir gesagt: ›Wenn Sie über das Ghetto oder das KZ sprechen, bleiben Sie sehr sachlich, ohne sich zu beklagen.‹ Dazu muss man wissen, dass wir litauischen Juden genau wie die deutschen Juden Intellektuelle sind, nicht wie die polnischen Juden, die die ganze Zeit *kvetchen*, jammern. Ich habe keine Lust, mich zu beklagen.«

Myriam fragt mich: »Jetzt möchte auch ich dir eine persönliche Frage stellen. Ist dir das recht?«

»Ja, natürlich.«

»Hast du einen Freund?«

»Ja, aber ich weiß nicht, ob er mich genauso liebt wie ich ihn.«

»Wie kannst du nur solchen Unsinn sagen!«

Ich habe seit zwei Jahren Recherchen betrieben, habe Myriam befragt, habe einiges darüber erfahren, was sich im Ghetto von Kaunas abgespielt hat, und habe Information über das KZ Klooga gefunden. Doch ich wusste noch immer nichts über Salomé, Raya und Macha, über den Augenblick, in dem die Wahl zwischen Leben und Tod getroffen werden musste. Ich habe die Reise nach Jerusalem hinausgeschoben, die mir erlauben würde, meine Tante Gila, Machas Tochter, zu befragen. Ich habe meinem Onkel Pierre immer wieder dieselben Fragen gestellt, aber nein, mehr wusste er nicht. Salomé ist während des Krieges gestorben, Raya 1951 an Krebs und Macha 1965. »Raya war zärtlich und gefühlvoll, ohne es jedoch allzu offen zu zeigen, Macha dagegen die Verkörperung von Eleganz.« In seinem Buch *Autobiographie de mon père* beschreibt Pierre sie folgendermaßen: »Die Unbekümmertheit, die mich bei anderen so befangen machte, ertrug ich bei Macha sehr gut. Vor allem weil sie eine diskrete weibliche Note hineinlegte, die anzudeuten schien, dass man ihre Unbekümmertheit nicht allzu ernst nehmen dürfe. Ihr Lächeln konnte nur deshalb fröhlich sein, weil sie tief im Inneren wusste, wie das Leben beschaffen ist: Wenn das Schlimmste möglich ist, ist Schwermut nicht erlaubt.«

Diesem Schlimmsten bin ich seit jeher gewissenhaft aus dem Weg gegangen.

Im Februar 2011 habe ich einen Vorwand gefunden, um nach Israel zu fliegen: eine Reportage über den Aufschwung von Wirtschaft und Fremdenverkehr in den Palästinensischen Autonomiegebieten im Westjordanland. Ich habe vor, die Gelegenheit zu nutzen, um meine Tante Gila zu besuchen, die Tochter von Macha, der Schwester meiner Großmutter. Gila ist Schriftstellerin, Dichterin und Professorin für Literatur. Sie ist hübsch, groß und schlank. Sie ist sechzig, wirkt aber zehn Jahre jünger. Sie spricht und läuft schnell, dann wieder langsamer, hält inne und weint oder lacht, man weiß nicht so recht. Genau wie Ginda oder meine Mutter, die schöne Hélène, klagt sie nie. Sie hat gerade eine Brustoperation hinter sich, die sie mit wenigen Worten vom Tisch fegt: »Ach, nur ein winziger Knoten, alle waren reizend zu mir.« Ich lasse mich davon nicht beirren, frage, wie sie sich fühlt. »Topfit, besuch mich in Jerusalem, ich würde mich sehr darüber freuen, dann erzähle ich dir alles.«

»Aber ist das nicht zu schmerzhaft, all das wieder auszugraben?«

»Nein, ganz im Gegenteil, es tut mir gut, über Salomé, den kleinen Kalman, Raya und meine Mutter zu sprechen.«

Es herrscht mildes Wetter in Jerusalem. Und seit zwei Jahren hat es kein Attentat mehr gegeben. Am ersten Abend essen wir in einem der neuen Restaurants der Stadt. Noch an dem Tag, an dem Gila erfahren hat, dass ich sie endlich besuchen würde, hat sie einen Tisch reserviert. Die Wände sind weiß gekachelt wie in der New Yorker U-Bahn, und die Kellnerinnen haben die Arroganz von bildhübschen Mädchen, die wissen, wie schön sie sind, ihr Auftreten ist lässig und bestimmt zugleich. Wir verlieren ein paar Worte über sie, die Träger des rosafarbenen BHs, die farblich auf das verwaschene T-Shirt abgestimmt sind, die Wildleder-Ballerinas. Dann sind wir so weit. Wir reden über Salomé, Raya und Macha, über Ginda und Hélène.

Gila und ich reden, wir reden beide, umgeben vom Lärm des Restaurants, dann im Wohnzimmer ihres Hauses in Jerusalem, am folgenden Tag setzen wir das Gespräch auf den Straßen der Altstadt fort, auf den Gängen eines Einkaufszentrums und schließlich bei einem Falafel, dessen Soße mir über das Kinn rinnt. Im Ausstellungsraum, der in der Yad Vashem Gedenkstätte dem Ghetto von Kaunas gewidmet ist, betrachtete ich die Fotos von Kindern. Ein kleines Mädchen hat Ähnlichkeit mit meiner Tochter Salomé, ich wende schnell den Blick ab. Gila zeigt mir ein Porträt von Nahum, das Joseph Schlesinger gezeichnet hat, ein Künstler, der im Ghetto arbeitete. Die Zeichnung trägt den Titel *Nahum Girshovitz, 1943*. Zu jenem Zeitpunkt ist Nahum noch nicht der Selektion fürs KZ zum Opfer gefallen. Er ist einer der Leiter der zionistischen Bewegung von Kaunas. Er gehört dem Ältestenrat des Ghettos an. Er führt Verhandlungen mit litauischen Milizsoldaten und deutschen Offizieren über die Ausgangserlaubnis und Nahrungsmengen. Auf dieser Zeichnung von 1943 trägt er einen Anzug mit Krawatte, ist frisch rasiert, sorgfältig gekämmt und hat bereits den Ansatz einer Glatze. Ein paar Monate später wird er nach Dachau deportiert. Wir unterhalten uns weiter in der Cafeteria des Filminstituts, am Nebentisch hört uns ein junger Mann zu. Er steht auf und stellt sich vor. Fati Kattan. Er spricht fließend Französisch. »Ich habe in Frankreich studiert.« Er ist palästinensischer Christ aus Bethlehem. »Verstehen Sie, warum der israelische Staat diese Mauer zwischen uns errichtet hat, und die Check-Points am Ausgang unserer Städte? Die Juden waren doch früher selbst von solchen Maßnahmen betroffen, und heute wird diese Stigmatisierung von dem Volk wieder angewandt, das am meisten darunter gelitten hat.«

Gila fragt ihn: »Arbeiten Sie in Jerusalem?«

»Ja, ich habe ein kleines Transportunternehmen gegründet und arbeite mit Israelis, die hier in Jerusalem wohnen. Ich bin einer von fünfhundert Palästinensern, die eine Dauergenehmigung haben, zwischen den Autonomiegebieten und Israel hin- und herzureisen.«

»Und wie läuft das?«

»Hm, das ist sehr unterschiedlich. Am Check-Point zur Einreise nach Jerusalem hängt das von der Laune des Soldaten ab. Zwischen fünf Minuten und vier Stunden. Und die Beziehungen mit meinen israelischen Kunden und Lieferanten sind manchmal durchaus angenehm und vertrauensvoll, aber meistens spüre ich so etwas wie Herablassung für den zweitrangigen Bürger, der ich in ihren Augen bin.«

Wir gehen zurück zum Auto, das auf dem Parkplatz der Gedenkstätte steht. Gila beginnt wieder zu erzählen, nachdem wir Yad Vashem verlassen haben.

»Als Kind wollte ich alles wissen, ich habe ständig Fragen gestellt und habe ganz allein ein paar Brocken Russisch und Jiddisch gelernt, um die Gespäche meiner Eltern zu verstehen. Samstags versammelten sie sich mit ihren Freunden und sprachen vom ›Lager‹ und von der ›Aktion‹. Ich habe nach der Übersetzung gesucht, mit ›Lager‹ war das KZ gemeint und mit ›Aktion‹ die Selektion. Meine Eltern hörten im israelischen Radio eine Sendung, in der die Namen von Familien genannt wurden, die ihre Vermissten suchten. Was für eine Freude, wenn man den Namen eines geliebten Menschen oder eines Vetters wiedererkannte. Manchmal kam es jedoch vor, dass ein Name ein verächtliches Kopfschütteln hervorrief. Wenn es sich um deportierte, als Kapo eingesetzte Juden handelte. Eines Tages hat mich mein Vater von einer Geburtstagsfeier abgeholt. Er betrat das Wohnzimmer meiner Freundin, und plötzlich war er wie versteinert. Auf dem Rückweg sagte er zu mir, ›dieser Typ da, der Vater deiner Freundin, war Kapo in Dachau‹. In einem Fotoalbum zu Hause gab es Fotos meiner Mutter mit einem anderen Mann als meinem Vater und einem Baby auf dem Schoß, und weitere von meinem Vater mit zwei kleinen Mädchen. Am Abend meiner Bat Mitzwa hat ein Onkel, der Vetter deiner Großmutter, zu mir gesagt: ›Jetzt bist du groß, wenn du willst, erzähle ich dir alles.‹ Er hat mir das Foto meines Vaters mit den beiden kleinen Mädchen gezeigt. Sie hießen Lili und Ada. ›Siehst du, sie ähneln dir sehr. Es sind die beiden Töchter, die dein Vater vor dem Krieg bekommen hat. Sie sind tot. Und hier ist das Baby deiner Mutter, Kalman, und ihr erster Mann.‹ Ich war schockiert und zugleich neidisch auf diese Kinder, beneidete meine Eltern um das glückliche Leben, das sie vor dem Krieg ohne mich geführt hatten. Noch dazu in Europa, das war für mich geradezu ein Traum. Wie alle Kinder konnte ich nicht begreifen, dass meine Eltern vor meiner Geburt bereits ein eigenes Leben geführt hatten. Ich stellte mir vor, dass dieses Leben ähnlich war wie unseres, ein schönes Leben, das aber plötzlich unterbrochen wurde. Das war mir unverständlich. Dieses Leben, diese Kinder, waren sie besser als unseres, besser als wir? War der erste Mann meiner Mutter besser als mein Vater? Und die erste Frau meines Vaters und die kleinen Töchter aus dieser Ehe, waren sie besser als wir? Sie haben sicher keine Dummheiten gemacht, waren immer artig.«

Ich erzähle Gila von folgender Begebenheit. Im Flugzeug nach Tel Aviv habe ich ein Buch der bekannten französischen Schriftstellerin Annie Ernaux gelesen, ein Brief an ihre Schwester. Annie Ernaux hat durch Zufall ein Gespräch ihrer Mutter mit einer Nachbarin mitgehört und dabei erfahren, dass ihre Eltern vor ihr eine kleine Tochter gehabt haben, die an einer Rippenfellentzündung gestorben ist. Annie Ernaux drückt dieselben Ängste aus: Dieses kleine Mädchen war sicherlich viel artiger als sie, aber wenn sie nicht gestorben wäre, wäre sie nicht da.

»Ja, genau das habe ich empfunden, wie diese französische Schriftstellerin. Ohne den Tod meiner älteren Schwestern wäre ich nicht da.«

Wie Myriam vor ein paar Monaten in den USA schlägt auch Gila mir vor: »Ehe ich dir erzähle, was mit unserer Familie im Krieg geschehen ist, muss ich dir erst mal das schöne Leben beschreiben, das sie zuvor in Panevėžys geführt haben. Wenn deine Großmutter und meine Mutter davon sprachen, hörte sich das an wie ein verlorenes Paradies. Simkha, dein Großvater mütterlicherseits stammte aus Odessa. Die Juden aus

Odessa galten als eine Art Aristokratie, sie sprachen fließend Russisch, Englisch und Französisch. Sie hatten Geschmack, einen ausgeprägten Sinn für Stil, Eleganz und Sinnlichkeit. Ich sehe noch deinen Großvater vor mir, die Art, wie er seine Zigarette rauchte oder mir, als ich noch ein kleines Mädchen war, den Kopf streichelte, und seine eleganten Anzüge. Die jüdischen Familien in Litauen waren sehr religiös und besaßen hohe moralische Ansprüche. Sie sprachen Jiddisch und Russisch. Deine Urgroßeltern Mary und Kalman waren weltoffene, liberale Juden, sehr gebildet und religiös. Mary fuhr jeden Sommer zur Kur nach Karlsbad in die Tschechoslowakei. Bevor sie Kalman heiratete, war sie sehr verliebt in einen Vetter gewesen, doch ihre Eltern hatten sich geweigert, sie einem so nahen Verwandten zur Frau zu geben. Es wurde behauptet, sie träfe sich einmal im Jahr mit diesem Vetter in dem Kurbad. Sie war in jeder Hinsicht unkonventionell, mehr wie die Juden aus Odessa als die aus Litauen. Alle ihre Töchter haben studiert. Deine Großmutter Ginda, die intelligenteste, ist nach Paris gegangen, um dort Medizin zu studieren. Meine Mutter Macha hat an der Universität Kaunas Jura studiert, genau wie ihr Bruder Nahum, und Raya hat eine Ausbildung als Pianistin bekommen. Nahum gründet mit anderen eine zionistische Vereinigung. Sie alle tanzen und lachen gern, geizen nicht mit ihrem Charme. Eines Abends gehen sie alle gemeinsam auf einen Ball, das muss etwa 1930 gewesen sein. Meine

Mutter sagt zu ihrem Bruder Nahum: ›Siehst du den hübschen jungen Mann da, der mit dieser Frau tanzt? Kannst du die Frau zum Tanz auffordern, damit ich mit ihm einen Walzer tanzen kann?‹ Nahum tanzt mit dieser Frau, die bereits verheiratet ist, verliebt sich in sie, und die beiden haben eine lange, schmerzhafte Liebesaffäre, die bis zum Krieg währt. Auch er war nicht so streng wie die litauischen Juden, sondern freigeistiger wie die aus Odessa. Meine Mutter Macha hat sich zutiefst in Ulli Blumberg verliebt, einen Arzt. Sie haben geheiratet. Auf einem Fest begegnet sie dem Blick von David, der nach dem Krieg ihr zweiter Mann werden sollte. David fragt Raya: ›Glaubst du, ich kann Macha zum Tanz auffordern?‹ Und Raya erwidert: ›Nein, dafür ist es zu spät, sie ist verheiratet und sehr verliebt.‹«

Macha und Ulli bekommen 1939 ein Baby. Sie nennen den Jungen Kalman, zum Gedenken an deinen Urgroßvater, der kurz zuvor an einem Herzinfarkt gestorben ist. Und Raya hat Max Bernstein geheiratet, der ganz verrückt nach ihr war. Ihre große Liebe war ihre Tochter Salomé.«

»Pierre hat mir erzählt, dass meine Großeltern Simkha und Ginda 1935 und 1936 im Urlaub mit dem Zug durch Nazideutschland gefahren sind, um sie zu besuchen, und dass sie vergeblich versucht haben, Raya und Max zu überreden, nach Frankreich zu kommen.«

»Ja, sie waren alle optimistisch, nichts Böses konnte ihnen geschehen. Und sogar nach dem Krieg haben sie an dieser Einstellung festgehalten, an dieser Kraft zu glauben oder zumindest ihren Kindern einzuflößen, dass das Beste noch bevorstehe. Du wirst mich vielleicht für zu sentimental halten, aber ich glaube, dass die Liebe, die die beiden verband, sie gerettet hat. Im Ghetto von Kaunas hat sich Nahum in Myriam verliebt. Sie hatte ihm einen Brief von einem Vetter gebracht, der in einem anderen Ghetto lebte. Sie war bezaubernd, hatte dunkles Haar und wasserblaue Augen. Du kennst vermutlich die Geschichte, oder?«

»Ja, Nahum hat sich für acht Jahre jünger ausgegeben, weil er Angst hatte, sie könne ihn zu alt finden. Und vierzehn Tage nach ihrer Begegnung haben sie im Ghetto geheiratet. Sie war achtzehn und er sechsunddreißig. Weißt du, was Faye mir gesagt hat? Das ist unglaublich. Myriam weiß immer noch nicht, dass ihr Mann sie belogen hat, was sein Alter angeht. Faye weiß Bescheid, alle wissen Bescheid, nur Myriam nicht. Faye traut sich nicht, es ihr zu sagen, weil sie Angst hat, es könne ihr wehtun. Sie ist noch voller Bewunderung für Nahum.«

»Weißt du übrigens, wie Raya und Macha die Selektion überlebt haben? Hat Myriam dir das erzählt?«

»Nein, sie hat mir gesagt, sie sei zu weit weg gewesen, sie habe nichts gesehen.«

»Dann hat sie es nicht gewagt, vielleicht hat sie geglaubt, das würde dich schockieren oder du könntest das nicht verstehen, weil du selbst Kinder hast. Aber ich finde, du sollst wissen, auf welche Weise Raya und Macha sich für das Leben entschieden haben.

Es gab vor der endgültigen Auflösung des Ghettos von Kaunas im Jahr 1944 mehrere Selektionen, die sogenannten Aktionen, die ganz spezifische Gruppen betrafen: Kinder, alte Leute oder Kranke. Die zahlenmäßig bedeutendste Selektion war die vom 28. Oktober 1941. Während dieser Aktionen haben die Nazis Ghetto-Bewohner ausgesondert, um sie in ein Arbeitslager zu deportieren. Diejenigen, die als arbeitsunfähig eingestuft wurden, wurden erschossen. Das wussten die Juden, man musste also um jeden Preis als arbeitsfähig eingestuft werden, um eine Chance aufs Überleben zu haben. Die Nazis trennten die Mütter nicht von ihren Kindern, sie wurden gemeinsam ermordet. Raya und Macha, die mit ihren Kindern im Ghetto lebten, waren sich dieser Gefahr stets bewusst. Sie würden also alle gemeinsam sterben, Raya und Macha, ihre siebzigjährige Mutter Mary und die Kinder. Nur ihre Ehemänner und Nahum hatten eine Chance zu überleben. Am 26. Oktober 1943 standen 2800 Menschen in einer langen Schlange auf dem Platz der Demokratie, deine Urgroßmutter Mary, Raya und Max, ihre Tochter Salomé, Macha mit ihrem kleinen Sohn im Arm und ihr Mann Ulli.

Als sie vor den Nazi-Offizier traten, der den Auftrag hatte zu entscheiden, wer arbeitsfähig war und wer in den Tod geschickt wurde – die fürs Leben erwählten nach links, die für den Tod bestimmten nach rechts –, hat Mary ihrer Tochter Macha das Baby aus den Armen genommen und Salomés Hand ergriffen, die Raya ohne Widerstand losgelassen hat, und ist mit ihren beiden Enkelkindern dem Tod entgegengegangen.

Marys beide Töchter Macha und Raya haben es akzeptiert, ohne ihre Kinder weiterzuleben und sich daher in der Schlange derer wiedergefunden, die ins Arbeitslager geschickt wurden. Auf diese Weise hat deine Urgroßmutter ihre beiden Töchter Raya und Macha gerettet, und Raya und Macha haben es zugelassen, gerettet zu werden.

Ich muss sehr oft an die Entscheidung meiner Mutter und meiner Tante zurückdenken, ihre Kinder aufzugeben, um zu leben. Aber ich glaube, dass sie einen winzigen Hoffnungsschimmer hatten, alle Mütter klammern sich an diese Hoffnung, dass ihr Kind nicht vor ihnen sterben kann. Sie haben es akzeptiert, ohne ihre Kinder fortzugehen, weil sie hofften, dass Salomé und Kalman auf wundersame Weise überleben würden.«

An dieser Stelle von Gilas Bericht muss ich innehalten, denn ihre Worte haben mich zutiefst erschüttert.

Wie haben sie das akzeptieren können? Wie haben sie das bloß akzeptieren können?

Raya mit ihrer kleinen Tochter an der Hand oder vielleicht in den Armen, Macha mit ihrem kleinen Jungen auf dem Arm, genauso hielt ich meine Kinder, als sie noch klein waren, ganz fest in den Armen, wenn wir an einem fremden Ort waren. Macha und Raya haben keine Entscheidung getroffen, es war ein reiner Überlebensreflex. Ihre Mutter Mary dagegen hatte ihre Wahl getroffen: Ihre beiden Töchter Raya und Macha, die knapp dreißig waren, sollten leben, weitere Kinder bekommen und sich eine Zukunft aufbauen.

Macha und Raya sind deportiert worden, haben überlebt, haben wieder geheiratet und weitere Kinder bekommen. Das sind Dinge, für die es keine Worte gibt, man kann nicht sagen, was hätte ich an ihrer Stelle getan?

Bei der Geburt meiner Kinder habe ich diesen Fluch auf mir gespürt: Sie tragen sowohl das Leben wie auch den Tod in sich. Damit muss ich fortan leben. Wenn meine Kinder sterben sollten, wäre mein Leben ruiniert.

Mir kam wieder eine Geschichte in den Sinn, die Myriam mir erzählt hat. Sie hat mich im ersten Augenblick derart befremdet, dass ich sie nicht aufgeschrieben habe. Im Ghetto von Kaunas hatte eine Frau ihr Kind einer sehr alten Nachbarin anvertraut, damit sie selbst bei der nächsten Selektion ins Arbeitslager geschickt werden könne. Sie wusste, dass sie mit einem Kind keine Chance hatte zu überleben. Die Reaktionen darauf im Ghetto waren sehr heftig gewesen.

Manche Frauen waren aufgebracht und beschimpften sie, andere weinten wortlos, und einige, doch nur sehr wenige, ermunterten sie. Myriam erinnerte sich noch ganz genau, wie diese Mutter sich gerechtfertigt und was sie jenen geantwortet hatte, die ihr vorwarfen, nicht mit ihrem Kind in den Tod gegangen zu sein. Sie hatte gesagt: »Ich wollte leben.« Nur diesen einen Satz hat sie immer wieder gesagt: »Ich wollte leben.«

Und plötzlich wurde mir klar, dass meine Fragen, wie sie das haben akzeptieren und wie sie danach haben weiterleben können, keinen Sinn machen.

Das Schuldgefühl, das mich seit jeher belastet hat, ist wie weggeblasen. Rayas und Machas Antwort auf die Frage, ob man ohne seine Kinder weiterleben darf oder mit ihnen sterben muss, hat mir Auftrieb gegeben: Man soll leben, intensiv leben. Nun will ich alles wissen.

Eine Woche später wusste ich, wer der Mann war, der für die Selektion von Salomé, Kalman und ihrer Großmutter Mary verantwortlich war. Ich wusste, wie der Platz aussah, auf dem die Selektion stattgefunden hatte. Ich wusste, in welchem Bergwerk Raya und Macha fast zwei Jahre verbracht hatten, ohne das Tageslicht zu sehen, nur von dem Gedanken beseelt, zu überleben. Ich hatte ein Foto des Bergwerks gefunden. Und ich wusste, wie die Mörder des IX. Forts von Kaunas und die litauischen Milizsoldaten aussahen, die das Ghetto verwalteten.

Der britische Historiker Martin Gilbert hat einen Dokumentarfilm über das Ghetto von Kaunas gedreht. Er hat den Platz der Demokratie gefilmt, auf dem die Selektionen stattfanden, und hat die Aussagen von ehemaligen Ghettobewohnern, die den Krieg überlebt haben, zu Protokoll genommen.

Ein großer trister quadratischer Platz, der von kleinen Backsteinhäusern umgeben ist. Steinplatten, ein paar Grashalme und in der Ferne etwas, das einem Fußballplatz ähnelt.

Martin Gilbert hat Männer und Frauen befragt, die Ähnlichkeit mit meiner Großmutter oder mit Nahum haben. Mit der gleichen sanften Miene und jener rauen Stimme beschreiben sie die Stunden des Wartens, die Tränen, die Schreie der Kinder und ihrer Eltern. Männer und Frauen, die erzählen und den Namen dessen nennen, der mit den Selektionen beauftragt war. Er zeigte mit der Hand nach links für jene, die in ein Arbeitslager kamen, und nach rechts für jene, die in den Tod geschickt wurden, zunächst ins IX. Fort und später nach Auschwitz. Er heißt Helmut Rauca. Eine Frau erzählt, wie er die große Aktion vom 27. und 28. Oktober 1941 geleitet hat. Sie beschreibt ihn als feisten Nazi mit dem Gesicht eines alten Säuglings und kalten Augen, der ein Butterbrot isst und ab und zu etwas trinkt. Er steht in einem schwarzen Ledermantel auf dem Platz und zeigt mit seiner behandschuhten Hand mal nach links, mal nach rechts. Die Selektion beginnt um sechs Uhr morgens. Am 27. und am 28. Oktober 1941. An diesen beiden Tagen schickt er, wie der Historiker Martin Gilbert darlegt, 2007 Männer, 2920 Frauen und 4273 Kinder nach rechts. Mit Hilfe eines knappen Dutzends Männern vom Einsatzkommando 3 und litauischen Hilfskräften werden noch am selben Tag 9200 Menschen erschossen.

Ich habe nur ein paar Sekunden gebraucht, um die Biografie von Helmut Rauca, dem Verantwortlichen für die Selektionen des Ghettos von Kaunas, im Internet zu finden.

Helmut Rauca ist ein SS-Unterscharführer, der aus einer Arbeiterfamilie stammt. Er wurde 1908 im Vogtland geboren, tritt 1928 in den Dienst der sächsischen Staatspolizei, wird 1931 Mitglied der NSDAP und ist Mitglied der Gestapo seit deren Gründung im Jahre 1936. Nach Ausbruch des Krieges wird er zum SS-Hauptscharführer befördert und einer der Einsatzgruppen zugeteilt, die mit der Vernichtung der Juden in den baltischen Ländern beauftragt worden sind.

Nach dem Krieg wird er von der amerikanischen Armee festgenommen, verbringt ein paar Monate im Militärlazarett in Karlsruhe und wird dann freigelassen. 1950 wandert er dank des *Canadian Christian Council for Resettlement of Refugees* nach Kanada aus und erwirbt 1956 die kanadische Staatsbürgerschaft. Er arbeitet zunächst als Angestellter und anschließend als Manager in einem Hotel. Am 21. September 1961 erlässt die Frankfurter Staatsanwaltschaft einen Haftbefehl gegen ihn wegen der Rolle, die er bei der Auflösung des Ghettos von Kaunas gespielt hat. Bereits seit Beginn der 70er Jahre sind die kanadischen Behörden von seiner Anwesenheit in Kanada unterrichtet. 1982 wird er in Toronto festgenommen. Im Haftbefehl wird ihm vorgeworfen, zwischen dem 18. August 1941 und dem 24. Dezember 1943 für den Tod von 11584 Juden verantwortlich zu sein. Er wird im Mai 1983 an die Bundesrepublik Deutschland ausgeliefert und stirbt wenige Monate später während der Untersuchungshaft an Krebs.

Im Tagebuch von Avraham Tory, dem Sekretär des Ältestenrats des Ghettos, habe ich Informationen über den Kommandanten gefunden, bei dem Myriam geputzt hat. Hauptmann Alfred Tornbaum war als Chef der 3. Kompanie des Reserve-Polizeibataillons 11 für das Ghetto von Kaunas verantwortlich. Er stand 1962 in Wiesbaden vor Gericht. Der Gerichtshof kam jedoch zu der Ansicht, dass nicht genügend Beweismaterial gegen ihn vorläge, um ihn zu verurteilen. Ich habe keine Spur von seinem Burschen finden können, der Myriam gestanden hatte: »Ich würde dich am liebsten umbringen, Myriam.« In seinem Dokumentarfilm und seinem Buch über die Einsatzgruppen befragt der Historiker Michaël Prazan den Litauer Algimantas Dailide. Die Nazis delegierten die Gemetzel im IX. Fort von Kaunas an litauische Nationalisten. Algimantas Dailide gehörte der litauischen Sicherheitspolizei *Saugumas* an. Er hatte die Aufgabe, die Menschen zu kontrollieren, die das Ghetto betraten oder verließen, und erschoss nur diejenigen, die zu flüchten versuchten. Er wohnt in Kirchberg, einer deutschen Kleinstadt, in der noch weitere ehemalige Nazis leben. Er sitzt auf einem altmodischen Ledersofa, sein Kopf ruht auf einem Kissen mit der gestickten Aufschrift: *Who needs Santa with our Grandpa?* (Wer braucht schon einen Weihnachtsmann, wenn man einen Opa wie den unseren hat?) Er sieht aus wie ein liebenswürdiger Großvater mit rundem Gesicht, eckiger Brille, ruhiger und erstaunter Stimme. Er ist aus den USA geflohen, in die er nach dem Krieg ausgewandert war, und sein Name stand auf der Liste der meistgesuchten NS-Kriegsverbrecher des Simon Wiesenthal Centers. Er stellte für die Nazis die Listen der zu vernichtenden Juden aus Kaunas und deren Umgebung auf.

Er behauptet mit erstaunter Stimme: »Ich wusste nicht, wozu diese Listen dienten.«

Michaël Prazan hat auch Juozas Aleksynas befragt, einen litauischen Schützen, der den Auftrag hatte, die Juden aus dem Ghetto von Kaunas auszurotten. Ja, er hat Kinder getötet, aber mit einem Schuss, damit sie nicht litten. Juozas Aleksynas spricht mit ebenso ruhiger Stimme: »Die Mütter hielten ihr Kind in den Armen. Wir haben erst die Mutter, dann das Kind getötet, damit sie nicht ihr Kind sterben sah. Die größeren Kinder begriffen, was ihnen bevorstand. Die kleineren krabbelten auf allen vieren in die Grube, um ihre Eltern wiederzufinden. Man musste gut zielen, auf die Brust, denn wenn sie nicht auf der Stelle tot waren, erstickten sie unter dem Gewicht der Körper, die nacheinander auf sie fielen.«

1943 schicken die Nazis ein Bataillon von Zwangsarbeitern, jüdischen Deportierten und sowjetischen Gefangenen nach Litauen, die die Aufgabe haben, die Leichen auszugraben und zu verbrennen, um so die Spuren der Einsatzgruppen und der litauischen Mörder zu verwischen.

Michaël Prazan hat auf einer der Mauern des IX. Forts in Kaunas, in dem zwischen 1941 und 1943 etwa 30000 Juden ermordet worden sind, folgende Inschrift auf Litauisch und Englisch gefilmt: »Here people were killed and burned between 1941 und 1943.« (Hier sind in den Jahren 1941 bis 1943 Menschen getötet und verbrannt worden.) »Menschen« oder »Bewohner«, so nannte man die Juden in der sowjetischen Epoche.

Ich habe lange geglaubt, dass Salomé, Kalman und Mary im IX. Fort in Kaunas erschossen worden seien. Aber ab Mai 1942 wurde diese Methode als zu belastend für die mit der Erschießung beauftragten Männer erachtet. Auf kürzeste Entfernung Tag für Tag mit einem Gewehr Frauen, ihre Kinder und alte Leute zu erschießen, lässt selbst die hartgesottensten Mörder depressiv werden. Die alten Leute und die Kinder, die bei der Selektion im Oktober 1943 in Kaunas für den Tod bestimmt wurden, sind nach Auschwitz gebracht worden. Mary, Salomé und Kalman sind also in Auschwitz vergast worden.

Auf der Website *Chronicles of the Vilna Ghetto*, die den KZs gewidmet ist, in die die Juden aus Litauen deportiert wurden, sind Fotos von Klooga zu sehen. Gestapelte, zersägte Baumstämme mit daran festgebundenen Leichen. Die Nazis hatten versucht, alle Spuren verschwinden zu lassen, indem sie die Überlebenden töteten und ihre Leichen verbrannten. Auf dieser Website gibt es auch ein Foto einer Ölschiefergrube. Der Bildtext erwähnt, dass in diesem Bergwerk während des Krieges Insassen aus dem KZ Klooga beschäftigt waren. Die »Salzmine«, von der Gila sprach, war eine *shale mine*, eine Schiefermine, die den Namen Kivioli trägt. Auf dem Foto sieht man zwei mit Schienen versehene Stollen, die in den Berg führen. Hier, im Bergwerk von Kivioli, haben Raya und Macha fast zwei Jahre verbracht.

Ich will alles wissen.

Mein Vetter Yoav lebt in einem Kibbuz in der Wüste Negev. Sein Vater ist jener Onkel, der Gila erzählt hat, dass ihre Mutter und ihre Tante vor dem Krieg bereits Kinder hatten, die nicht überlebt haben, und auf welche Weise Macha und Raya sich für das Leben entschieden haben. Ich will alles wissen, und trotzdem habe ich es vorgezogen, den Nachmittag am Hotel-Pool des Hiltons in Tel Aviv zu verbringen, statt eine zweistündige Autofahrt zu unternehmen, um ihn zu besuchen. Gila hat mich darin bestärkt.

»Nutz es aus, dass die Sonne scheint. Weißt du übrigens, dass Raya und Macha sich wahnsinnig gern im Badeanzug in die Sonne gelegt haben?«

Yoav ist Schriftsteller und Übersetzer, er hat Pierres *Autobiographie de mon père* ins Hebräische übersetzt. Als Junge ist Yoav bei einem Hausbrand entstellt worden. Nachdem er schon nach draußen gelaufen war, rannte er in das brennende Haus zurück, um jene zu retten, die noch von den Flammen eingeschlossen waren. Sein Gesicht trägt starke Brandmale, aber als ich ihn als Kind gesehen habe, ist mir das nie aufgefallen, und auch heute noch bemerke ich das nicht, obwohl ich gerade von seinen Brandmalen erzählt habe. So ist Yoav eben, er ruft weder Befangenheit noch Mitleid hervor, man wird sofort von seiner Intelligenz und seiner Liebenswürdigkeit angezogen. Yoav ist Yoav. Er reist viel, nimmt an Übersetzertagungen teil, schreibt auf einem Computer, fährt einen Wagen mit Automatikgetriebe, spricht fließend Französisch und Englisch, ist voller Begeisterung, antwortet auf jede meiner bisweilen sehr direkten Fragen und schlägt vor, selbst den Weg zurückzulegen, um mich in der Bar des Hilton zu treffen.

»Macha und Raya haben vierzehn Stunden am Tag gearbeitet, sie bekamen genug zu essen, weil ihre Arbeit als wichtig erachtet wurde. Sie füllten Granatenhülsen mit Pulver. Einmal im Jahr, zu Weihnachten, durften sie ans Tageslicht kommen. Sie sind fast zwei Jahre in diesem Bergwerk geblieben. Sie waren immer der Ansicht, dass sie Glück gehabt haben. Sie waren nicht in einem Vernichtungslager, ihre Leistungsfähigkeit und ihre robuste Gesundheit haben sie gerettet. Raya und Macha hatten nur vor einem Angst: krank zu werden, Typhus zu bekommen. Was sie gerettet hat, ist ihrer Ansicht nach nicht darauf zurückzuführen, dass sie etwa gerissener oder stärker gewesen wären als andere, sondern einzig und allein darauf, dass sie Glück gehabt haben. Und auch das Glück, dass sie nicht von der Roten Armee befreit worden sind, denn sonst wären sie gleich in ein Arbeitslager noch weiter im Osten geschickt worden. Wie so viele andere Deportierte sind sie gleich zu Beginn des Frühjahrs 1945 unter Aufsicht von deutschen Soldaten zu langen Märschen gezwungen worden. Die Soldaten erschossen jene, die nicht schnell genug vorankamen. Es schneite noch. Sie schliefen auf dem nackten, gefrorenen Boden. Eines Nachts hörten sie Gewehrfeuer, das immer näher kam. Da dachten sie: ›Nun ist es so weit, jetzt erschießen sie uns alle.‹ Doch am folgenden Morgen waren sie immer noch lebendig, und die deutschen Soldaten waren verschwunden. Sie sind in Züge gestiegen, wussten nicht, wohin sie fahren sollten. Eine dritte Cousine war noch dabei, Dina Trackman. Dina ist nach dem Krieg in die USA ausgewandert. Sie hat in New York unter elenden Bedingungen gelebt, ging nie aus dem Haus, als wolle sie das Leben im Bergwerk nachbilden, in dem auch sie fast zwei Jahre verbracht hatte. Raya und Macha dagegen warfen nie einen Blick zurück. Benny ist geboren worden, dann Miri und Gila. Sie waren die schönsten kleinen Mädchen, die ich je gesehen habe, alle verliebten sich in sie, und ihre Mutter Macha war der großzügigste und fröhlichste Mensch, dem ich je begegnet bin. Als ich elf war, hat sie mir ein Buch über die griechische Mythologie geschenkt. Dieses Buch habe ich immer noch, soll ich es dir schicken?«

Am folgenden Tag treffe ich Gila wieder, bestürme sie mit Fragen. Wie sie reagiert habe, als sie mit sechzehn Jahren von der Entscheidung ihrer Mutter und ihrer Tante erfahren hat?

Sie sei erleichtert gewesen. So habe sie gelebt, sie habe sich immer fürs Leben entschieden und sei keinem Genuss, wo immer sich ein solcher bot, aus dem Weg gegangen.

Das müsse ich weitererzählen, allen sagen, die mir nahestehen. Raya und Macha hätten Recht gehabt, sie hätten das Leben gewählt. Das sei kein Vergehen. Das müsse ich auch Hélène und Ginda sagen. Auch wenn sie schon tot seien. Das müssten sie wissen, damit sie in Frieden ruhten. Gila berichtet weiter.

»Raya und Macha hatten keine andere Wahl, sie mussten überleben. Wenn sie sterben würden, hätte ihre Entscheidung, die Kinder aufzugeben, keinen Sinn mehr. Es gab in regelmäßigen Abständen Kontrollen im Lager, um ihre Leistungsfähigkeit zu überprüfen. Macha, die stärker war als Raya, stach sich in den Finger, um ein paar Blutstropfen aufzufangen, die sie auf den Wangen ihrer Schwester und ihren eigenen verrieb, damit sie besser aussahen. Sie wurden von der amerikanischen Armee befreit und schließlich nach Wien gebracht, wo sich das American Jewish Committee ihrer annahm. Sie hatten nur einen Traum: ein Bad zu nehmen. Sie sind in ein öffentliches Bad gegangen. Die alte Wienerin, die das Badehaus führte, empfing sie mit folgenden Worten: ›Was, zwei Jüdinnen, die immer noch am Leben sind? Ich dachte, es sei uns gelungen, euch alle auszurotten.‹ Macha hat ihr ins Gesicht gespuckt, und Raya hat ihr eine solche Ohrfeige verpasst, dass die Alte in ihrem Sessel gelandet ist. Dann sind die beiden triumphierend ins heiße Wasser gestiegen. Von Wien wurden sie nach München in ein Durchgangslager gebracht, wo sie ihren Bruder Nahum wiedertrafen. Er konnte es kaum fassen, dass er nach drei Jahren im KZ plötzlich seine beiden Schwestern auftauchen sah, kräftig und in langen Mänteln der amerikanischen Armee. Nahum hat mehrere Monate lang nach seiner Frau Myriam gesucht, die er im Ghetto geheiratet hatte. Er hat alle Leute gefragt, die vorübergingen. ›Haben Sie Myriam Girshovitz gesehen? In welchem Lager war sie? Hat sie überlebt?‹ Am Tag seiner Ankunft in München hat ein ehemaliger KZ-Insasse verkündet: ›Nahum, ich habe eine schlechte Nachricht, Myriam ist tot.‹ Eine halbe Stunde nachdem sie für tot erklärt worden war, sah Nahum die Schöne in München auf der Straße beim Spazierengehen. Es gibt noch eine andere Version ihres Wiedersehens: Nahum erhielt an einem Freitagnachmittag einen Brief von einer Frau, die gemeinsam mit Myriam deportiert worden war und ihm ihr Beileid aussprach, da Myriam vor ihren Augen gestorben sei. Sogleich wird ein Kaddisch veranstaltet. Und genau in dem Moment, als das Totengebet beginnt, wird Nahum von einem anderen Deportierten unterbrochen: ›Deine Frau lebt. Sie ist gerade in München eingetroffen.‹ Deine Großmutter Ginda hat ihrerseits alles darangesetzt, Nachrichten von ihrer Familie zu bekommen, es war so schwierig, die einen und die anderen wiederzufinden. Sobald sie von ihren Geschwistern etwas gehört hatte, besuchte sie diese in München und erfuhr bei dieser Gelegenheit, dass ihre Mutter, ihr Neffe Kalman, ihre Nichte Salomé und ihre beiden Schwager Ulli und Max tot waren. Macha, Raya und Nahum haben ihr von den KZs und den Arbeitslagern erzählt. Raya und Macha haben alles erzählt, wie sie ihre Kinder ihrer Mutter Mary überlassen haben und dass sie aufgrunddessen überlebt haben. Ginda hat mir gestanden, sie sei nach ihrer Rückkehr aus München derart erschüttert gewesen, dass sie krank wurde, sich ins Bett gelegt habe und ein Jahr lang nicht habe aufstehen können.«

Gila holt aus ihrer Tasche einen Umschlag hervor. Darin befindet sich ein Foto. Es stammt aus dem Jahr 1946 und ist in München aufgenommen worden. Das Foto ihres Wiedersehens, Ginda, Nahum und Myriam,

Raya und Macha. Wenn man von ihren ernsten Mienen einmal absieht, kann man nicht erraten, was sie durchgemacht haben. Sie sind immer noch genauso elegant, die Frauen im Kostüm mit heller Bluse, das braune Haar zu einem Knoten gesteckt.

»Ein paar Monate später ist meine Mutter meinem Vater begegnet«, erzählt Gila. »Im Zug, mit dem sie nach Karlsbad fuhr, um sich dort auszuruhen, saß sie David gegenüber, den sie zehn Jahre zuvor auf einem Fest in Kaunas gesehen hatte. Sie hat ihm angeboten, ihre Mahlzeit mit ihm zu teilen. Er hat sie gefragt: ›Wie sehen Ihre Pläne für die Zukunft aus? Wollen Sie in München bleiben?‹ Macha hat voller Begeisterung gesagt: ›Ich habe vor, in Palästina zu leben.‹ Er hat ihr darauf geantwortet: ›Eine ausgezeichnete Idee.‹ Einen Monat später waren sie verheiratet. Zwei Jahre nach der Befreiung aus den Arbeitslagern hatten Raya und Macha sich wieder verheiratet und waren schwanger. 1948 sind Macha, David, Raya und Elie mit ihren kleinen Babys nach Israel ausgewandert. Ich bin zwei Jahre später in Tel Aviv zur Welt gekommen.

In Israel musste alles neu aufgebaut werden. Das haben sie getan. Ich habe nicht ein einziges Mal gehört, dass sich meine Mutter oder Raya beklagt hätten, sie steckten voller Ideen, Begeisterung und Pläne, die sie verwirklicht haben. Dabei war das Leben in den 50er Jahren hier nicht leicht. Ehe mein Vater David nach Israel ausgereist ist, hat er sich für seine Ankunft in Tel

Aviv einen schicken weißen Leinenanzug anfertigen lassen. Dieser Anzug war wirklich überflüssig. In den ersten Monaten haben sie in einem Zelt geschlafen, es regnete und war kalt. Doch diese Kraft hatten sie. Sie haben sich alle erneut verliebt. Sie haben alles aus dem Nichts wieder aufgebaut. Die beiden Schwestern haben nie vergessen, dass sie die Wahl getroffen hatten, nicht mit ihren Kindern zu sterben, sich fürs Leben entschieden hatten, und sie haben nie vergessen, welches Opfer ihre Mutter dargebracht hat. Sie bewiesen Tag für Tag, dass ihre Entscheidung fürs Leben die richtige Wahl gewesen war. Als sie noch im Arbeitslager in Estland waren und ihr Leben zerstört war, schminkten sie sich die Wangen mit etwas Blut. Nach dem Krieg hat meine Mutter ihr Jurastudium wiederaufgenommen. Das Gericht, an das sie später als Richterin berufen wurde, war achtzig Kilometer von zu Hause entfernt. Das hat sie nicht lange durchgehalten. Sie hat sich gefragt, mit welcher Beschäftigung sie den restlichen Teil ihres Lebens am liebsten verbringen möchte. Dann hat sie in Abendkursen eine Ausbildung als Bibliothekarin absolviert. Sie schrieb Gedichte. Die Bücher waren ihre Zuflucht. Macha und Ginda hatten nie etwas übrig für Menschen, die sich selbst bemitleiden. Glaub nicht, das sei Härte, man hat oft einen guten Grund, unglücklich zu sein, aber man hat auch die Möglichkeit, sich etwas aufzubauen. Sie verloren kaum ein Wort über die Kriegsjahre, sondern sprachen ständig über die Zukunft. Was sollten sie tun? Wie konnten sie sich nützlich machen? Als deine Großmutter Ginda erfuhr, dass es in unserem Gymnasium keine Bibliothek gab, hat sie nach Geldgebern gesucht und Pläne für ein Gebäude und Möbel entwerfen lassen. Die Bibliothek des Gymnasiums von Herzliya, der Stadt, in die wir gezogen sind, ist dank ihrer Initiative entstanden. Ich vergesse nie, wie entzückt ich bei der Einweihung gewesen bin. Jeder Schüler hatte Anrecht auf einen kleinen Lesetisch mit einer Neonleuchte. Es war das erste Mal, dass ich Neonlampen sah, ich fand das ausgesprochen modern.«

»Aber als du erfahren hast, was mit Salomé geschehen ist, und dass deine Mutter die Wahl getroffen hat, nicht mit ihrem kleinen Sohn zu sterben, hast du da mit Macha gesprochen?«

»Meine Mutter und ich haben über alles gesprochen, ich habe ihr oft mein Herz ausgeschüttet und sie hat mir ständig Mut zugesprochen, aber wir haben nie über das Ghetto, über Kalman, über ihren ersten Mann Ulli, über die Deportation und das Arbeitslager in Estland gesprochen. Ich war achtzehn, als meine Mutter starb, und seither hat es keinen Tag gegeben, an dem ich nicht an sie gedacht hätte. Sie ist mein Vorbild. Ich sage mir: ›Was hätte sie an meiner Stelle getan?‹ Sie war immer fröhlich, großzügig, liebevoll, optimistisch. Raya ist 1951 gestorben. Elie hat den kleinen Benny, der 1948 in München geboren ist, allein großziehen müssen, aber er wusste nicht, wie er das anfangen sollte.

Er war Wissenschaftler, er stolperte über die Kabel seiner Apparate, aber seine Studenten haben ihn verehrt. Er hat seinen Sohn mit Süßigkeiten vollgestopft, weil er nicht kochen konnte. Daher hat meine Mutter für ihn gekocht und sich in den Ferien um Benny gekümmert. Als meine Mutter starb, war ich achtzehn, und da hat sich deine Großmutter um uns gekümmert. Aber sie lebte in Paris und wir in Herzliya. Wir waren ganz allein auf der Welt, so wie du, als deine Eltern viel zu früh gestorben sind. Ich hatte das Gefühl, dass wir für deine Großmutter etwas darstellten, das ihr unendlich kostbar war. Ich konnte mir denken warum. Das war für sie ein Mittel, die Wahl von Raya und Macha nachträglich gutzuheißen, sich immer für das Leben, für die Kinder, für die Zukunft zu entscheiden. Ginda schrieb uns jede Woche, so wie sie es ihr ganzes Leben lang mit ihren Schwestern getan hat. Ihnen schrieb sie auf Russisch und Jiddisch und uns auf Englisch und Hebräisch. Sie hat Englisch und Hebräisch gelernt, um mit uns korrespondieren zu können. Sie besuchte uns zweimal im Jahr. Als ich neunzehn war, hat sie mich nach Paris in ihre Wohnung am Boulevard Saint-Michel eingeladen und mir gezeigt, wie man ein gutes Leben führt. Sie hat mir ihre Lebensregeln beigebracht: ›Selbst wenn du allein bist, darfst du dich nicht vernachlässigen. Wenn du allein isst, wähl ein hübsches Tischtuch aus, deck den Tisch, bereite ein gutes Essen vor, schenk dir ein Glas Wein ein. Schalte nicht einfach das Radio ein, sondern hör eher eine schöne Platte. Kleide dich immer elegant, benutze Parfum und schmink dich, aber nicht zu stark. Wenn du ausgehst und Schmuck trägst, lass immer eine Brosche, einen Ring oder einen Armreifen weg. Weniger ist mehr. Du musst auch immer Blumen im Haus haben. Und genier dich nicht, allein etwas auf einer Caféterrasse zu trinken, ins Restaurant, ins Kino oder ins Theater zu gehen. Beklag dich nicht darüber, dass du allein bist, sondern genieße den heißen Kaffee, den lustigen Film, den du dir ansiehst, lies und wenn du dazu imstande bist, schreib, schreib Briefe, schreib Gedichte, und wenn du kannst Bücher. Denk nicht daran, was du nicht hast.‹ Selbst heute noch, als verheiratete Frau und Mutter von drei Kindern, befolge ich ihre Ratschläge. Ich achte darauf, dass alles im Haus hübsch ist, schreibe Gedichte. Aber meine kleine elegante Nichte aus Paris, bitte sieh dir nicht meine Fingernägel an, ich habe keine Zeit gehabt, mich darum zu kümmern. Deine Großmutter Ginda hat mir gezeigt, wie man richtig lebt. Und du bist so hübsch, so elegant, eine typische junge Pariserin mit dem ganz unvermeidlichen Herzschmerz. Genieß einfach jeden Augenblick des Lebens. Wir sitzen hier im Garten, trink deinen Tee, genieße, genieße, nimm dir mehr Zucker, wenn du willst. Hör zu, meine kleine Nichte aus Paris, du bist lebendig, lass dir kein Vergnügen entgehen. Und ruf diesen jungen Mann an, der dir so gefällt.«

»Ich habe Angst, alles wieder zu verlieren. Ich habe

nicht einmal den Mut, nach Panevėžys und Kaunas zu fahren.«

»Fahr nicht hin. Ich bin in Panevėžys gewesen, wollte das Haus unserer Familie sehen. Ein sehr hässliches Sportzentrum ist an der Stelle errichtet worden. Nichts in dieser kleinen Stadt erinnert daran, dass dort mehrere Jahrhunderte lang eine jüdische Gemeinde gelebt hat, die während des Krieges ermordet worden ist. Genau wie Pierre habe ich nach dem Ende der Sowjetunion angefragt, ob wir dieses Haus und das meines Vaters zurückbekommen könnten, man hat mir darauf geantwortet, das sei unmöglich, da wir nicht mehr litauische Staatsbürger seien. Nichts erwartet uns dort mehr.«

Gila sprach, während ich mir Notizen machte, ihre Stimme war unverändert, und ich hatte nicht gemerkt, dass ihr Tränen über die Wangen rannen. Sie sagte zu mir: »Das macht nichts«, und trocknete die Tränen mit einem Taschentuch. Sie machte sich Sorgen über die weiteren Stationen meiner Reise. Ich wollte das Westjordanland besuchen. »Willst du wirklich in Ramallah übernachten? Hast du vor, ihnen zu sagen, dass du Jüdin bist?«

Am folgenden Abend habe ich sie aus dem Hotel Mövenpick in Ramallah angerufen und ihr vom Abendessen in einer Pizzeria, einem Drink in einer szenigen Bar, von den Mädchen im Minirock, der Liebenswürdigkeit der Palästinenser und ihrem freundlichen Interesse an mir erzählt. Nicht erzählt habe ich ihr von meinem Besuch im Khalil Sakakini Kulturzentrum. Der Leiter hat mir das Büro von Mahmud Darwisch gezeigt und mir davon berichtet, wie israelische Soldaten bei der letzten Intifada die alten Türen zerstört, die Bücher des Dichters auf den Boden geworfen und darauf gepisst haben.

Gila hat Benny benachrichtigt, dass ich da sei und ihn zu treffen hoffe. Benny ist Rayas Sohn. Wir sind in einem Hotel in Haifa verabredet, der schönen weißen Stadt am Meer, die sowohl von Israelis wie Palästinensern bewohnt wird. Als ich Benny zum letzten Mal gesehen habe, war ich zwölf, auf meiner ersten Reise nach Israel. Damals habe ich verwundert gefragt: »Sind etwa alle, die hier leben, Juden?« Ich habe mich neugierig umgesehen, die unterschiedlichsten Menschen betrachtet, Falafelverkäufer, Busfahrer, Hotelangestellte. Alle Juden, die ich in Frankreich kannte, waren Ärzte, Psychoanalytiker oder Professoren, waren deprimiert, fanden *gefilten fisch* köstlich, machten sich über Nichtjuden lustig und waren unfähig, ein Gespräch zu führen, ohne dass die Worte »Jude« und »KZ« alle fünf Minuten erwähnt wurden, waren ängstlich, paranoid, Nervensägen, wollten mit jeder Frau schlafen, kochten furchtbare Gerichte, gedämpfte Kartoffeln, Dörrobstkompott, gefüllte Karpfen, mickrige eingelegte Heringe, litten unter Schlaflosigkeit und Verstopfung, waren wie besessen von ihren Darmproblemen und sprachen die ganze Zeit darüber, als sei das ein annehmbares Gesprächsthema, beklagten sich über lächerliche Dinge, waren unglücklich, einsam, hatten zehn Jahre Psychoanalyse ohne jedes Resultat hinter sich, pessimistisch, es gibt bestimmt keinen Platz mehr im Kino, im Restaurant, im Zug, im Hotel, weil du nicht reserviert hast, waren steif, zu keiner Zärtlichkeit fähig, nicht imstande, ein Kompliment zu machen, hassten die gesamte Menschheit und vor allem ihre Schwiegertochter, verachteten die sephardischen Juden, immer war es zu kalt, kamen nie auf einen grünen Zweig, sagten nichts, waren schuldig, manchmal witzig, hatten vor allem Angst.

Ich erinnere mich noch, wie verblüfft meine Freundin Priscille war, als sie mit zwanzig erfuhr, dass sie unter ihren jüdischen Freunden als »Goi« galt.

Rayas Sohn Benny lebt in einem Vorort von Haifa. Er lädt mich in ein Restaurant ein und bestellt für seine Frau und sich ein Gericht, das sie sich teilen wollen, er erklärt mir: »Wir machen eine Diät.«

Ich tue so, als glaube ich ihm.

Benny hat einen Bart, langes graues, zu einem Pferdeschwanz zusammengebundenes Haar und trägt ein weites beigefarbenes Hemd ohne Kragen. Benny stellt Werbeartikel her und holt aus seiner Umhängetasche violette, rote, grüne und hellblaue Plastikkugelschreiber hervor, ein Heft mit eingebautem Solar-Taschenrechner sowie einen Schlüsselanhänger mit Einkaufswagenchip und Taschenlampe.

»Für dich und deine Kinder.«

Seine Frau sieht voller Bewunderung zu, wie er all diese Geschenke aus seiner Tasche zieht, und ruft: »Benny spielt gern den Weihnachtsmann.«

Er blickt seine Frau zärtlich an und schenkt mir dann ein verlegenes Lächeln angesichts von so viel Zuneigung. Er hat denselben schelmischen Blick wie seine Schwester Salomé. Benny wusste nicht, dass seine Mutter vor dem Krieg ein kleines Mädchen zur Welt gebracht hatte, dass sie Salomé hieß und dass seine Mutter sich fürs Leben entschieden hatte. Als seine Mutter starb, war er drei. Er hat erst 2003, ein paar Tage nach der Geburt meiner Tochter erfahren, dass er eine kleine Schwester gehabt hat, die während des Krieges gestorben ist. Als meine Tochter Salomé zur Welt gekommen ist, hat Gila Benny angerufen, um ihm von diesem kleinen Mädchen zu erzählen, das in Frankreich geboren ist, im 16. Arrondissement von Paris, und das den Namen seiner Schwester trägt, von deren Existenz er bis dahin nichts wusste.

Benny hat mir die Geschichte seines Vaters Elie erzählt. Elie, den mein Onkel Pierre so bewunderte, der charmanteste und witzigste Mensch, den er je kennengelernt habe. Elie hat vor dem Krieg zwei Kinder gehabt. Einen Jungen und ein Mädchen. Die Kleine hieß Shulamit. Am Tag der Selektion im Ghetto von Vilnius war sie vierzehn, konnte fast für eine Erwachsene durchgehen und hoffen, nach links geschickt zu werden, ins Arbeitslager. Elie hat Männerkleidung für sie gefunden, sie als Junge verkleidet und gebetet, dass man sie für einen jungen Arbeiter halten möge. Für seinen achtjährigen Sohn dagegen konnte er nichts tun. Shulamit stand in ihrem zu großen Anzug mit ihrem Vater und ihrem kleinen Bruder in der Schlange und wartete auf die Selektion. Vor ihr stand eine Mutter mit einem Baby von wenigen Monaten im Arm. Das Kind war im Ghetto zur Welt gekommen. Im Ghetto waren Geburten eigentlich verboten, dennoch wurden dort hin und wieder Kinder geboren. Benny wusste nicht, ob dieses Baby ein Mädchen oder ein Junge war. Shulamit hat das Baby ergriffen, ihren kleinen Bruder an die Hand genommen und ist so vor den Mann getreten, der die Arbeiter auf die eine Seite und die Mütter mit ihren Kindern auf die andere Seite schickte. Shulamit hat sich als Mutter des Babys ausgegeben. Sie ist mit dem Baby in den Armen und ihrem kleinen Bruder getötet worden. Die Mutter des Kindes wurde gerettet.

Benny fügt hinzu: »Das war kein Einzelfall, zahlreiche junge Mädchen haben so gehandelt, um die Mütter zu retten.«

Mütter, die leben wollten.

Was für Mütter waren das, die leben wollten? Waren sie liebevoll und zärtlich, besorgt und gluckenhaft? Waren sie wie ich und fanden, dass das Holzpferdchen des Karussells immer erst viel zu spät wieder auftaucht?

Nach der Geburt meines Sohns habe ich mich nachts vergewissert, dass er noch immer am Leben war. Ich öffnete die Tür zu seinem Schlafzimmer, überzeugt, dass mein Leben kurz davor war, eine dramatische Wendung zu nehmen. Hob die kleine Bettdecke hoch. Er war warm, sein Herz klopfte, es war wie ein Wunder. Ich fragte mich immer wieder und frage mich noch heute Tag und Nacht: »Kann ich weiterleben, wenn mein Kind stirbt?«

Alle Mütter stellen sich diese Frage, genau wie Macha, wie Raya. Nach dem Krieg in München haben sie ihrer Schwester Ginda nichts vorgelogen. Sie haben die Wahrheit gesagt, erzählt, wie sie sich beide fürs Leben entschieden haben.

Ginda verhält sich in München sehr zurückhaltend, sagt kein lautes Wort, fällt kein Urteil. Sie macht sich den Schmerz ihrer Schwestern zu eigen, in der Hoffnung, ihnen dadurch Erleichterung zu verschaffen. Sie kehrt im Frühjahr 1946 zu ihrem Mann Simkha, ihrer vierzehnjährigen Tochter Hélène und ihrem neunjährigen Sohn Pierre nach Paris zurück und schweigt. Ginda erzählt ihrem Mann nichts, weil sie Angst hat, dass Simkha das nicht verstehen könne. Simkha spürt, dass diese Reise seine Frau verändert hat, nichts interessiert Ginda mehr, ihre Kinder, sogar ihr Sohn Pierre, der so witzig und intelligent ist, bereiten ihr keine Freude mehr. Sie verzichtet auf alle Sinnlichkeit, erst bei der Geburt ihrer Enkelkinder ist sie wieder imstande, ihre Arme zärtlich zu öffnen. Sie kann nicht mehr.

Das Kriegsende bringt wenig Trost. 1946 ist meine Mutter Hélène vierzehn. Vor dem Krieg war sie als kleines Mädchen in den Ferien nach Litauen gefahren, hatte ihre kleine Cousine Salomé in die Arme genommen, sie gekitzelt, sie geküsst. Ginda gesteht Hélène: »Deine Großmutter, deine Cousine und dein Vetter sind tot. Deine Tanten haben überlebt.« Mehr sagt Ginda nicht.

Hélène ist ein junges Mädchen, sie versteht das Schweigen ihrer Mutter nicht, warum sagt sie ihr nicht, was sie weiß, warum erzählt sie ihr nicht von ihrer Cousine Salomé? Scheren sich die Erwachsenen nicht darum, was mit den Kindern im Krieg geschehen ist? Sie hält Salomé ganz tief in ihrem Herzen fest, da niemand über sie spricht. Hélène weiß nicht, dass es Ginda große Anstrengungen kostet, ihre Verzweiflung zu verbergen. Ginda und Hélène trennen sich daher, ohne zu begreifen, dass sie sich so nahestehen angesichts dessen, was ihnen beiden Entsetzen einjagt. Ihr ganzes Leben handelt Hélène dementsprechend, verbirgt oder verschweigt Dinge in der Hoffnung, das Unglück könne von selbst aus der Welt verschwinden. Hélène glaubt, mit diesem Schmerz allein zu sein, dem Tod dieses einzigartigen kleinen Mädchens. Ihr Leben beschränkt sich auf diesen Schmerz. 1998 spricht sie zum ersten Mal mit mir über Salomé, ihre Cousine, »von der nichts übrig geblieben ist«, gesteht mir, dass sie einen furchtbaren Fehler begangen hat, dass sie dieses kleine Mädchen, Salomé, und diesen kleinen Jungen, Kalman, sechzig Jahre lang totgeschwiegen hat.

Am 14. Oktober 2011 habe ich im Internet ein Flugticket Paris-Kaunas und zurück für 79 Euro gefunden, das mich aber schließlich 420 Euro gekostet hat, denn kurz nachdem ich bezahlt hatte, habe ich festgestellt, dass ich das falsche Datum ausgewählt hatte. Ich würde am 29. Oktober in Kaunas eintreffen, dabei müsste ich am 28. Oktober 2011 dort sein. Auf den Tag genau siebzig Jahre nach der ersten großen »Aktion« im Ghetto, die am 28. Oktober 1941 stattgefunden hatte. Für 420 Euro hätte ich nach Rom fliegen können. In Rom sollte die Temperatur laut Wettervorhersage am 28. Oktober 2011 24 Grad betragen. Ich hätte einen Badeanzug anziehen und W. ein paar SMS schicken können. Doch das reizte mich nicht. Ich wollte nach Kaunas, wollte durch die Straßen gehen, die das ehemalige Ghetto umgaben, rund um den Platz der Demokratie. Während der zwölf Tage vor dem Abflug vermischte sich alles in meinem Kopf, ich konnte keinen Schlaf finden, die Zehntausenden von Toten im IX. Fort, Helmut Rauca und seine Handbewegung nach rechts, nach links, Salomé Bernsteins Holztrommel, die Nacht, die ich mit W. verbracht hatte. Er sagte immer wieder meinen Namen, während wir uns liebten. Im Bus, der mich am 26. Oktober zum Flughafen von Beauvais brachte, fragte ich mich: »Ob W. mich wohl mutig findet? Ob er sich wohl in mich verliebt, weil ich nach Kaunas fliege? Würde er sich nicht viel mehr für eine Frau interessieren, die nach Odessa fliegt, die Stadt der kosmopolitischen jüdischen Aristokratie, oder nach Vilnius?« Es wäre viel schicker, eine Familie zu haben, die aus Vilnius stammt, dessen ehemaliges jüdisches Ghetto einem Reiseführer zufolge, der von der litauischen Botschaft verteilt wurde, »das angesehenste Stadtviertel war mit den höchsten Grundstückspreisen. In diesen schmalen Straßen, in denen viele Künstler wohnen, befinden sich zahlreiche schicke Bars und Restaurants.« Ja, es wäre besser, nach Vilnius zu fahren. Wie soll ein Mann wie W., der intelligenteste und witzigste Mann, den ich je kennengelernt habe und der fast alle Bücher gelesen hat, sich in eine Frau verlieben, die nach Kaunas fliegt? Wenn ich nach Vilnius flöge, das ginge ja noch, aber nach Kaunas… Wie kann sich ein so kultivierter Mann auch nur eine Sekunde lang für eine Frau interessieren, deren Großmutter nicht einmal aus Kaunas stammt, sondern aus einer noch unbedeutenderen Stadt namens Panevėžys in 70 Kilometer Entfernung? Möglicherweise mag es ihn reizen, mit ihr zu schlafen, aber mehr auch nicht. Doch er hat angedeutet, dass er sich durchaus in eine Frau verlieben könne, die in einem roten Badeanzug *La Mort des Juifs* von Nadine Fresco liest und dabei den Titel des Buches verdeckt.

Es hat bereits im Flugzeug angefangen, in dem ich neben einer Litauerin um die fünfzig, einer lebenslustigen Brünetten, saß. Sie sprach Französisch, und so habe ich ihr von meiner Reise erzählt. Meine Großmutter, ihre Schwestern, das Ghetto. Sie erwiderte darauf: »Ich habe nichts gegen Sie, Ihr Vorhaben ist ohne Zweifel achtenswert, aber ich habe genug von der jüdischen Diaspora, die das Holocaust-Business ausschlachtet.« Und dann brachte sie nacheinander sechs Gründe hervor.

1. Wir haben es satt, uns für das zu entschuldigen, was den Juden während des Krieges zugestoßen ist.
2. Die Juden waren vor dem Krieg sehr glücklich in Litauen, und es gab keine Pogrome.
3. Die Litauer sind nicht für das »Abscheuliche« verantwortlich, das den Juden während des Krieges angetan wurde.
4. In allen litauischen Familien hat es wenigstens eine Person gegeben, die in ein sowjetisches Lager deportiert wurde.
5. Vor dem Krieg gab es viele kommunistische Juden.
6. Nach dem Krieg gab es viele Juden in der sowjetischen Nomenklatura, und so mancher von ihnen hat von der Besetzung kräftig profitiert.

Ich habe ihr zugestimmt und gesagt: »Ja, das kann

ich gut verstehen.« W. hätte *La Mort des Juifs* von Nadine Fresco aus seiner Reisetasche gezogen, ihr das Buch gezeigt, vor ihren Augen darin gelesen, ohne sich zu verstecken, und hätte ihr dann Folgendes geantwortet:

1. Die jüdische Gemeinde hat sich aktiv an der Unabhängigkeit Litauens im Jahre 1922 beteiligt. Die demokratische, liberale Ära dauerte zwei Jahre, dann hat die neue nationalistische, autoritäre Regierung, die 1926 mit Gewalt die Macht ergriffen hat, das Ministerium für jüdische Angelegenheiten und den nationalen Judenrat abgeschafft, den Juden die Beteiligung an politischen Institutionen untersagt und eine Zulassungsbeschränkung für Juden an Universitäten und in der Verwaltung eingeführt.
2. Zwischen 1939 und 1941 haben die Sowjets 80 Prozent der Unternehmen, die sich in jüdischer Hand befanden, nationalisiert, haben jüdische Schulen, jüdische Vereine und den Gebrauch der hebräischen Sprache untersagt und die Zulassungsbeschränkung für die Universität und die Verwaltung verschärft.
3. Von den 30000 Litauern, die 1940 in sowjetische Straflager deportiert wurden, waren mehr als 4000 Juden.
4. Die NS-Propaganda – »die Juden haben mit den Sowjets kollaboriert« – war so erfolgreich, dass litauische Freischärler schon vor der Ankunft der deutschen Truppen Pogrome in Kaunas veranstaltet haben.
5. Die Litauer haben nach dem Krieg erneut unter der

sowjetischen Besetzung gelitten. Doch ein Schmerz hebt den anderen nicht auf. Sich widersprechende Tatsachen können richtig sein, obwohl sie im Gegensatz zueinander stehen. Eine gewisse Anzahl von Litauern hat mit den Nazis kollaboriert und Juden getötet, eine gewisse Anzahl von Juden waren Kommunisten und hat die Ankunft der Roten Armee begrüßt. Die Sowjets haben die Nazis bekämpft und Litauer getötet bzw. in Gulags nach Sibirien deportiert. Die Sowjets waren die Ersten, die sich bemüht haben, die Anzahl der von Einsatzgruppen ermordeten Juden zu erfassen, aber sie haben auch Juden getötet und nach Sibirien deportiert. Ein Leid ist in Litauen zum anderen gekommen.

Diese Reise beginnt auch hier, auf dem Rollfeld des Flughafens Kaunas, einem Provinzflughafen. Man steigt aus dem Flugzeug, läuft bis zum Flughafengebäude. Für die sozial Schwächsten des Ghettos wurde oft der Begriff *aerodromschiks* benutzt, was die gesellschaftliche Hierarchie des Ghettos widerspiegeln sollte. Ganz unten standen eben *jene vom Flugplatz* und oben jene aus der Verwaltung, ihre Familien und Polizisten, die besser verpflegt und besser untergebracht waren. Slobodka war vor dem Krieg das ärmste Viertel des Ghettos, es bestand aus kleinen Holzhäusern ohne fließend Wasser und Strom, doch es gab auch ein paar Steinbauten mit mehreren Wohnungen. Aber dort wohnten die *aero-*

dromschiks nicht, die Ärmsten, die für die härteste Arbeit herangezogen wurden, um die von der deutschen Luftwaffe bombardierten Start- und Landebahnen wieder herzurichten. Zwölf Stunden am Tag ausschachten und einebnen, in Kälte und Schnee, ohne etwas zu essen zu erhalten. Niemand wollte auf dem Flugplatz arbeiten. Fünftausend arme Männer sind dazu gezwungen worden. Es kann auch auf einem anderen Flugplatz in Kaunas gewesen sein. Dennoch haftet die Präsenz dieser *aerodromschiks*, dieser Ungerechtigkeit innerhalb der Ungerechtigkeit, allen meinen Schritten auf dem Rollfeld, auf dem Weg zum Flughafengebäude von Kaunas an.

Ginda sprach fließend Russisch, Jiddisch, Französisch und Hebräisch. Ich war beeindruckt. Ich habe gemeinsam mit ihr gezählt und festgestellt, dass sie eine Sprache vergessen hatte. In Wirklichkeit sprach sie fünf Sprachen. Sie hatte das Litauische vergessen. »Wie kannst du nur eine Sprache vergessen, in der du dein Abitur abgelegt hast?« Ginda erwiderte, so ist das nun mal. Am Ende ihres Lebens sprach sie nur noch Russisch. Wenn sie die Städte ihrer Kindheit erwähnte, sprach sie diese auf Jiddisch und nicht auf Litauisch aus. Sie sagte Kovne und nicht Kaunas, Ponevezh und nicht Panevėžys. Auch ihre Familiennamen und die Vornamen waren doppelt. Die offiziellen Papiere waren auf Litauisch ausgestellt, aber die Namen wurden auf Russisch oder auf Jiddisch ausgesprochen. Girshovitz auf Jiddisch und Girsovicius auf Litauisch. Ginda hatte ihrem Sohn eingeprägt, dass auf der einen Seite die Litauer ständen und auf der anderen die Juden. Sie blieben streng getrennt. Raya, Macha, Ginda und Nahum sprachen miteinander auf Jiddisch oder auf Russisch oder in einer Mischung aus beiden. Wurde die Tatsache, dass die Juden das Russische oder das Jiddische als Alltagssprache benutzten, in den Augen der Litauer als Verrat angesehen? Das Russische war schließlich die Sprache der Besatzungsmacht. Die Russen hatten Litauen im 19. Jahrhundert besetzt, dann 1939 und erneut im Jahre 1945 und haben »unsere Seele, unsere Sprache, unseren Glauben besetzt«, wie mir ein junger Museumsführer in Kaunas erklärte. Soll ich es wagen, ihm den Grund meiner Reise einzugestehen? Ihm erklären, dass meine Großmutter in Litauen aufgewachsen ist, inzwischen aber ihre Muttersprache, das Litauische, vergessen hat? Dass sie Jüdin war und sich der russischen Kultur verbunden fühlte, dass sie zu Hause einen Samowar hatte, Tee aus einem Henkelglas trank, Kascha zubereitete und dass die letzte Sprache, die sie noch beherrschte, als sie bereits geistig völlig verwirrt war, das Russische war? Das Russische, die Sprache und die Kultur, die die Litauer hassen.

Ich bin skeptisch, es ist wohl besser, wenn ich nicht sage, dass ich Jüdin bin. Vor meiner Abreise haben mir meine Freunde geraten: »Sag nicht, dass du Jüdin bist«, »Vergiss eines nicht: 95 Prozent der jüdischen Gemeinde Litauens ist umgekommen, die Litauer sind Antisemiten«, »Fahr nicht allein hin«.

Pierre hat mir von einem Abendessen mit litauischen Hochschullehrern in Kaunas erzählt. »Den ganzen Abend haben sie über die Gräueltaten aus der sowjetischen Besatzungszeit gesprochen, ich hatte zwar keine Zweifel an ihrer Aufrichtigkeit, aber ich habe mich unbehaglich gefühlt.« In Kaunas zeigt mir ein Fremdenführer namens Robert, ein großer blonder junger Mann mit einer schmalrandigen Brille, das Museum des IX. Forts, das dem Krieg und der sowjetischen Besetzung gewidmet ist. Ich bin misstrauisch, er wird mir vom Widerstand der litauischen Partisanen gegen die Nazis und anschließend gegen die Sowjets erzählen, er wird mir die Fotos der Gulags in Sibirien zeigen, in die über 80000 litauische Bürger deportiert wurden, er wird mir von den braven Litauern erzählen, die Juden gerettet haben, er wird mir die Betonskulptur zum Gedenken an die Kriegsopfer zeigen, die die absurde Inschrift »hier sind Menschen getötet und verbrannt worden« trägt, als sei das Wort Jude bereits zu viel, er wird mir die Fotos der sechsundvierzig litauischen Intellektuellen zeigen, die im Oktober 1943 im IX. Fort wegen bewaffnetem Widerstand erschossen wurden, die der litauischen Widerstandskämpfer, die ins KZ Stutthof deportiert worden sind, die der litauischen Offiziere, die nach dem Krieg in die sibirischen Gulags Krasnojarsk und Kolyma deportiert wurden sowie die Fotos des jungen Mannes mit Brille und Gitarre – und die seiner Schulzeugnisse –, der sich 1972 aus Protest gegen die sowjetische Besetzung, die »unseren Glauben, unsere Seele, unsere Kultur und unsere Sprache zermalmt hat«, öffentlich verbrannte. Er hieß Romantas Kalantas und war neunzehn. Ja, all das zeigt er mir, ich mache mir Notizen, betrachte die Fotos, höre ihm zu, und dann sagt er zu mir: »Ich muss Ihnen noch das Schlimmste zeigen, das Abscheulichste befindet sich dort«, und dabei röten sich seine Augen. Robert, der junge blonde Fremdenführer mit einer schmalrandigen Brille, der nicht sonderlich gut Englisch spricht und sich dafür entschuldigt, führt mich in die Räume, die dem Ghetto von Kaunas gewidmet sind. 1963 wurden bei Ausgrabungen die Reste des Ghettos freigelegt, das 1944 völlig von den Nazis zerstört worden ist. In einem Museumssaal des IX. Forts sind Kinderschuhe ausgestellt, Schuhe mit Riemchen, Schuhe ohne Riemchen, manche müssen weiß gewesen sein, andere beigefarben, Kämme in allen Größen, Brillen und ein Buch mit einem unleserlichen Titelblatt. In einem anderen Raum sind Familienfotos ausgestellt, Familien bevor sie im Ghetto lebten, und daneben Fotos aus der Zeit danach, Fotos von Überlebenden mit ihren Kindern und Enkelkindern aus viel späterer Zeit, in Israel oder in den USA. Eine Wand ist den 805 litauischen »Gerechten« gewidmet, jenen Bürgern, die jüdische Kinder versteckt und gerettet haben. Auch hier ist die Geschichte anhand von Fotos rekonstruiert worden. Die Fotos der Familie und der Kinder vor dem Krieg, die Fotos der »Adoptiveltern«, die diese Kinder aufgenommen haben, und Fotos aus viel späterer Zeit von diesen inzwischen ausgewanderten Kindern, die ihre früheren Retter wiedersehen. Mehrere hundert Kinder sind während des Krieges aus dem Ghetto geschmuggelt worden, zumeist ganz kleine Kinder oder Säuglinge, denn man musste sie in einem Koffer oder einer Tasche verstecken können. Sie wurden gegen eine Geldsumme litauischen Familien anvertraut. Das war für alle ein sehr großes Risiko: Für die Eltern der Kinder bestand die Gefahr, sie nie wiederzusehen und nicht zu wissen, ob ihr Kind in gute Hände geraten war, und für die »Adoptiveltern« konnte es den Tod bedeuten, falls entdeckt wurde, dass sie ein jüdisches Kind bei sich aufgenommen hatten. Robert, der junge litauische Fremdenführer mit den geröteten Augen, zeigt mir auch die auf Litauisch und Deutsch abgefasste Anordnung vom 8. August 1941 zur Errichtung des Ghettos von Kaunas – unterzeichnet vom Bürgermeister von Kaunas und vom Militärkommandanten der Stadt –, in der die Straßen aufgezählt sind, die das Ghetto begrenzen, und die Juden aus Kaunas und der näheren Umgebung aufgefordert werden, sich dort einzufinden.

Ich gestehe Robert, dem jungen blonden Fremdenführer, den Grund für meine Reise, erzähle ihm von meiner Großmutter und ihrer Nichte Salomé. Er schlägt mir vor, mich der Direktorin des Museums vorzustellen.

»Ja gern. Vielleicht wäre es ja möglich, ihre Namen und ihre Fotos irgendwo im Museum auszustellen.«

»Ja, ja, natürlich, das ist bestimmt möglich.«

Robert hat noch immer gerötete Augen. Die Direktorin ist eine blonde junge Frau. Als wir den Eingang zum Verwaltungsgebäude betreten, kommt sie uns im Mantel entgegen, es ist halb eins, sie will gerade irgendwohin zum Essen gehen. Robert und sie unterhalten sich auf Litauisch und werfen mir dabei hin und wieder einen Blick zu. Sie zieht ihren Mantel aus und schlägt mir vor, sie in ihr Büro zu begleiten. Sie bietet mir eine Tasse Tee mit einem Stück Zucker an, da es draußen so kalt ist, und stellt mir Fragen über die Geschichte meiner jüdischen Familie, die aus Panevėžys stammt, etwa 70 Kilometer von Kaunas entfernt. Ich bemühe mich, die Namen auf Litauisch auszusprechen und nicht auf Russisch. Sie fragt mich nach den Namen meiner umgekommenen Familienangehörigen, nach ihren Geburts- und Todesdaten. Sie wundert sich, dass sie bis Oktober 1943 durchgehalten haben und nicht bei der großen Aktion vom 28. Oktober 1941 deportiert worden sind. Ich sage ihr, dass mein Großonkel Nahum dem Ältestenrat des Ghettos angehörte, was sie eine Weile geschützt haben mag. Sie stimmt mir zu. Ich frage sie, ob am 28. Oktober 2011 eine Feier zum Gedenken an die große Aktion geplant sei. Ja, sagt sie, wir veranstalten am Sonntag dem 30. eine Gedenkfeier im Museum. Wir haben dazu etwa sechzig Leute eingeladen, unter ihnen Vertreter der jüdischen Gemeinde und den Direktor der litauischen Zweigstelle der Internationalen Christlichen Botschaft Jerusalems. Das sagt sie mit deutlich hörbarem Stolz. Aus Freude darüber, dass sie überhaupt etwas unternimmt, beglückwünsche ich sie spontan: »Very good.« Sie verspricht mir, die Namen von Mary Girshovitz, Salomé Bernstein und Kalman Blumberg mit ihren Geburts- und ihren geschätzten Todesdaten in das Museumsregister aufzunehmen, damit wenigstens etwas von ihnen in Litauen zurückbleibt. Ich bin euphorisch. Ich rede mir ein, dass wenn meine Mutter mich anrufen würde, sie sich freuen würde, vielleicht wäre sie sogar stolz auf mich und würde es mir sagen. Sie würde endlich ihr Schweigen brechen und sogar zu mir sagen, ich bin stolz auf dich. Ich mache ein paar Tanzschritte auf dem Parkplatz des Museums.

Auf dem Weg nach Panevėžys bin ich so fröhlich, als führe ich zu einem Rendezvous. Endlich werde ich die kleine Stadt besichtigen, in der Raya, Macha, Nahum und meine Großmutter Ginda so glücklich gewesen sind. Buchen, Birken, kleine Holzhäuser mit einer Veranda, ein paar Kühe, einige gar nicht mal so hässliche Betonblocks und riesige rote Backsteinkirchen säumen die Straße von Kaunas nach Panevėžys. Wie ich mir das Haus vorstelle? Ginda hatte mir gesagt, dass es an einem großen Platz in der Ortsmitte liege und dass es in der Zeit der sowjetischen Besetzung zum Sitz der kommunistischen Partei geworden war, während Gila ein Sportzentrum an dessen Stelle gesehen hatte. Ich wünsche mir, dass es ein solides

Holzhaus mit einem Portalvorbau ist. Panevėžys ist eine moderne Kleinstadt mit nicht sehr hohen Wohnhäusern, einigen wenigen Holzhäusern, einer Bank, einem Zahnarzt und einem Supermarkt. Pierre hatte mir die Adresse gegeben, *Ramygalos gatvė 3*, und sogar die Telefonnummer. Die Girshovitz waren 1932 eine der zweihundert Familien in Panevėžys, die über einen Telefonanschluss verfügten. Ich sehe mich nach den Hausnummern auf der *Ramygalos gatvė* um, finde aber kein Haus, das die Nummer 3 trägt. An der Ecke der Straße gelange ich an den langen, von Buchen gesäumten Platz, über den ich im *lonely planet* gelesen hatte, dass er »im Sommer angenehm, den Rest des Jahres jedoch tödlich grau und von wenig ansprechenden Cafés und Geschäften umgeben ist«. An diesem Platz, den ich jetzt Ende Oktober noch ganz nett finde, steht ein relativ neues Holzgebäude im alten Stil mit schrägem Dach und hübschen Fenstern: das Rathaus. In der Eingangshalle fordert mich die Hausmeisterin, die kein Englisch spricht, durch eine Handbewegung auf, mich zu gedulden und weist mit der anderen Hand auf eine Dame, die mir sogleich ihre Karte reicht. Sie ist für die Öffentlichkeitsarbeit der Gemeindeverwaltung verantwortlich. Ich liefere ihr eine beschönigende Fassung meiner Geschichte und erzähle ihr, ich sei eigens aus Paris hergekommen, um das Geburtshaus meiner Großmutter zu sehen. Ich nenne ihr die Adresse, *Ramygalos gatvė 3*. Sie fordert mich auf, sie in ihr Büro im Obergeschoss zu begleiten, und sagt zu mir, während sie mit dem Finger durch das Fenster weist: »Die geraden Hausnummern sind gegenüber, die Straße beginnt hier. Das Haus Ihrer Großmutter ist vermutlich abgerissen worden, um den Bau des Rathauses zu ermöglichen. Ich kann jemanden aus der Archivverwaltung bitten, Ihnen Fotos des Hauses zu schicken, wenn Sie mir Ihre Adresse hinterlassen.« Sie zeigt mir Ansichtskarten von Panevėžys aus vergangenen Zeiten, Holzhäuser mit einer Veranda und Geschäfte wie in einer Kleinstadt im Wilden Westen. Und plötzlich erinnere ich mich an folgende Warnung: »Die Litauer fürchten sich sehr vor Entschädigungsansprüchen für arisiertes oder verstaatlichtes Eigentum, stell also vor allem keine Ansprüche.« Ich setze ein möglichst unauffälliges Gesicht auf, damit niemand auf den Gedanken kommt, ich könne Ansprüche auf das Grundstück geltend machen, auf dem das Rathaus errichtet worden ist. Ich verabschiede mich von der Verantwortlichen für die Öffentlichkeitsarbeit der Gemeindeverwaltung von Panevėžys, die mir rät, einen Kaffee auf dem Platz zu trinken. In dem Teehaus sitzen vor allem hübsche blonde oder dunkelhaarige Oberschülerinnen, die einen Cappuccino trinken und Sahnetorte essen. Ein Teehaus, das es schon vor dem Krieg gegeben haben muss, mit Holztäfelung, Parkettboden und gerahmten Bildern. War es ein Teehaus für Juden oder für Litauer? Man lebte streng getrennt, verkehrte nicht miteinander, blieb unter seinesgleichen, wie meine Großmutter Ginda sich gerechtfertigt hatte. Heute sind 96 Prozent der Einwohner von Panevėžys Litauer.

Die erste große Aktion in Kaunas, bei der 9230 von insgesamt 27000 Menschen selektiert worden sind, fand am 28. Oktober 1941 statt. Die Aktion, die Salomé Bernstein, Kalman Blumberg und Mary Girshovitz zum Verhängnis wurde, war die vom 26. Oktober 1943. An jenem Tag wurden 2709 Menschen in den Tod geschickt.

In seinem Tagebuch berichtet Avraham Tory von den Aktionen des 28. Oktober 1941 und des 26. Oktober 1943. Avraham Tory war Generalsekretär des Ältestenrats im Ghetto von Kaunas. Er hat von Anfang bis Ende des Krieges Tagebuch geführt. Manchmal erwähnt er kurz meinen Großonkel Nahum: »Nahum Girshovitz hat den Raum verlassen, nachdem er die Anweisungen gehört hat« oder »Wir haben nach einer Lösung für das Wohnraum-Problem gesucht. Nahum Girshovitz war anwesend«. Nahum gehörte dem Ältestenrat des Ghettos an, er war für die Unterbringung verantwortlich, hat aber weiter keine große Rolle darin gespielt. Avraham Tory beschreibt im Einzelnen die Tage, an denen eine Selektion stattgefunden hat. Am 28. Oktober 1941 schneite es. Fast dreißigtausend Menschen, Frauen, Kinder und alte Leute, warteten darauf, vor Helmut Rauca zu treten. Helmut Rauca war guter Laune, »er hat ein paar Butterbrote gegessen und dabei ununterbrochen nach links oder rechts gewiesen«. Alle halbe Stunde sagte er: »Zählen Sie ab, zählen Sie genau ab. Ich brauche exakte Zahlen.« Am Ende des Tages befanden sich auf dem Platz nur noch ein Dutzend Stühle, auf die sich die Ältesten gesetzt hatten, und ein paar kleine Kindermäntel, die niemandem mehr dienten.

Dieser Platz, der den Namen *Demokratų aikštė* (Platz der Demokratie) trägt, befindet sich in einem Vorort der Stadt, auf der anderen Seite der Neris, die durch Kaunas fließt. Der Taxifahrer wundert sich nicht, dass eine ausländische Touristin ihn bittet, sie auf die andere Seite des Flusses zu fahren. Er spricht kein Englisch und ich spreche kein Litauisch; seit gestern verständigen wir uns in Zeichensprache. Ich weiß nicht, wie er heißt. Wir haben uns auf einen Preis geeinigt. Zum Museum des IX. Forts, nach Panevėžys, zum Platz der Demokratie, zum Hotel, zum Flughafen – wie viel kostet das? Er hat mir einen Preis in Litas genannt, der litauischen Währung. Ich habe nicht mit ihm gehandelt. Die entsprechende Summe in Euro kam mir angemessen vor. Anschließend habe ich mir gesagt, wenn er begreift, dass ich Jüdin bin, muss er glauben, dass die Juden wirklich reich sind, sonst würden sie nicht den Preis für ein Taxi für zwei Tage ohne zu handeln akzeptieren. Er machte einen sympathischen Eindruck, hatte einen alten beigefarbenen Mercedes, den er sehr vorsichtig fuhr, er überholte die Traktoren auf der Straße nur dann, wenn er sich wirklich sicher war, dass niemand entgegenkam. Er stellte mir keine Fragen. Ich sagte zu ihm: »Grandmother from Panevėžys, Ghetto« und versuchte, ihm durch Handbewegungen meine Worte verständlich zu machen. Er schüttelte nur seinen großen Kopf mit einem Schnauzbart und sagte: »Nein, nein.« Er äußerte keine Verwunderung, als ich ihn bat, an der Stelle zu halten, wo sich der Eingang zum Ghetto befunden haben muss und wo heute ein kleiner Gedenkstein mit ein paar eingemeißelten Worten auf Hebräisch und Litauisch steht. Davor lagen ein paar kleine weiße Steine, auch ein paar Kerzen standen dort. Es schien ihn auch nicht zu verwundern, dass ich ein Foto von dem Gedenkstein, von den kleinen Betongebäuden und den winzigen, grün, gelb oder rot gestrichenen Holzhäusern mit Wellblechdächern in den benachbarten Straßen machte. Anschließend sind wir durch die Straßen gefahren, die das Ghetto begrenzt haben: *Panerių gatvė*, *Jurbarko gatvė* und *Demokratų gatvė*. In der Mitte befindet sich ein großer Platz mit ein paar Kinderspielgeräten aus rotem Metall, und auf einer grasbedeckten Erhebung steht ein Monument aus großen geriffelten Betonflächen. Drei Mädchen sitzen dort und rauchen. Da ist er, der Platz der Demokratie, siebzig Jahre nach der großen Aktion vom 28. Oktober 1941, achtundsechzig Jahre nach der Aktion, die Salomé Bernstein, Kalman Blumberg und Mary Girshovitz das Leben gekostet hat. Ich frage die Mädchen: »Ist das ein Monument zum Gedenken an das Ghetto?« Doch die Mädchen verstehen kein Englisch. Ich gehe um den Platz, in der Hoffnung, eine Gruppe von alten oder jungen Juden zu finden, die das Totengebet sprechen, oder einen alten Juden, der allein betet. Eine Frau zieht einen grünen Einkaufstrolley hinter sich her. Eine andere Frau zieht einen andersfarbigen Einkaufstrolley hinter sich her. Ich spreche die Frau mit dem grünen Trolley an. Sie spricht kein Englisch. Ich gehe zum Taxifahrer zurück, der mir einen teilnahmsvollen Blick zuwirft und mir mit einer Handbewegung vorschlägt, mit mir um den Platz zu fahren. Ich zeige auf die geriffelten Betonflächen, die so aussehen, als seien sie zum Gedenken an ein ernstes Ereignis errichtet worden. Er nickt und sagt: »*Sovietik, Sovietik.*« Es ist ein Monument zum Gedenken an die trostlose sowjetische Besatzungszeit. Er wirkt ebenso enttäuscht wie ich. Siebzig Jahre danach ist nichts mehr vom Ghetto von Kaunas übrig geblieben, nur ein weißer Stein mit einer eingemeißelten Inschrift erinnert daran, dass hier dreißigtausend Menschen auf den Tod gewartet haben. Wir fahren noch einmal ganz langsam um das Ghetto, durch die Straßen, die die Namen *Demokratų*, *Panerių* und *Jurbarko* tragen, am Fluss entlang und um den von Betongebäuden gesäumten Platz. Ein Viertel, das wie ausgestorben wirkt. Ein paar Fußgänger, die Gardinen hinter den Fenstern und der Rauch, der aus den Schornsteinen aufsteigt, deuten darauf hin, dass es hier doch noch eine Form von Leben gibt. Ein anderes Leben. Die kleinen Holzhäuser wirken noch leerer. Nur sie erinnern an das Leben vor dem Krieg, an das Viertel Slobodka, das zwar ärmlich, aber dennoch für seine Talmudschulen berühmt war, allein in Slobodka gab es zehn Schulen und sogar eine Universität. Von alledem ist nichts mehr übrig geblieben. Zur Zeit des Ghettos ein Krankenhaus, eine Schule, ein Theater, eine Bibliothek – und ganze Tage, an denen die Menschen draußen stehen mussten, um auf die Selektion zu warten, nach links, nach rechts. Auf den Tag genau vor siebzig Jahren sind 9200 nach rechts gegangen. Von alldem ist nichts mehr übrig geblieben.

Hat der Taxifahrer begriffen, warum ich gestern auf dem Parkplatz des Museums so euphorisch war, auf der Fahrt nach Panevėžys im Auto gesungen habe und mich heute mutterseelenallein fühle? Er beugt sich zu mir herüber, fragt sich, wie er mich trösten kann. Er ahmt mit der Hand die Geste des Essens nach, ich nicke und zeige ihm die Rubrik »Essen« im *lonely planet*. Er denkt nach. Ich bin sicher, dass er mich in das richtige Lokal bringen und sich gut um mich kümmern wird. Wir gehen in ein Restaurant, in dem uns Kellnerinnen mit blondem Zopf an einem schönen Holztisch Tee und Borschtsch servieren. Ich erkenne auch das Kümmelbrot, die gekochten Kartoffeln und die saure Sahne wieder, mit der die Rote-Bete-Suppe verfeinert wird, sowie die mit Fleisch gefüllten Teigtaschen und die *latkes*, die Kartoffelpuffer, die Myriam zu ihrer Hochzeit, die im März 1942 im Ghetto gefeiert wurde, aus Kartoffelschalen zubereitet hat. Ja, all das ist mir vertraut. Vom Ghetto von Kaunas ist nichts übrig geblieben, nur ein Stein mit einer hebräischen Inschrift, 1941–1944, und die winzigen, halb verfallenen, in leuchtenden Farben gestrichenen Holzhäuser, die irgendwie verlassen wirken. Nach dem Krieg sind dort neue Bewohner eingezogen, doch ihnen ist nichts Gutes widerfahren: die sowjetische Besatzung, dann die Unabhängigkeit und der Kapitalismus, der diesem armen Viertel von Kaunas nur noch mehr Elend gebracht hat. In dem Restaurant ist eine Gruppe von Geschäftsleuten, die irgendetwas feiern. Sie trinken Wodka, sind schwarz gekleidet. Die Kellnerin bringt mir eine Flasche Champagner, die mir einer der Typen in Jeans und schwarzem Pullover spendiert hat. Ich stehe auf und gehe an ihren Tisch, um mich bei ihnen zu bedanken, und sage mir, so, jetzt verrate ich ihnen, warum ich hier bin, und sie können mir dann erzählen, was es für sie bedeutet hat, unter sowjetischer Besatzung aufzuwachsen. Der Typ in Schwarz blickt mich an. Ich sage stotternd: »Thank you very much.« Er erwidert: »Yes, yes.« Ich sage noch einmal: »Thank you.« Er wiederholt: »Yes, yes.« Ich weiß nicht, was ich tun soll. Die Kellnerin zieht mich an der

Schulter zurück und sagt: »He's drunk, don't worry.« Das ist verrückt, völlig absurd. Ich bin hier allein in Kaunas am siebzigsten Jahrestag der großen Aktion im Ghetto von Kaunas, einer der ersten Massenmorde des Zweiten Weltkriegs, und stehe vor einem Tisch mit betrunkenen Männern, und auf einem anderen Tisch, jenem, an dem ich gegessen habe, steht eine kaum angebrochene Flasche Champagner. All das ist verrückt, beweist nur die furchtbare Einsamkeit von uns allen und unser kaputtes Erinnerungsvermögen.

Am Sonntag findet im Museum des IX. Forts aus Anlass des siebzigsten Jahrestags eine Gedenkfeier statt, die von einem Priester der Internationalen Christlichen Botschaft Jerusalems geleitet wird. Vom Leben und Tod meiner Urgroßmutter Mary, von Salomé und Kalman ist keine Spur mehr erhalten. Von August 1943 bis Dezember 1943 sind die Leichen auf Befehl der Nazis verbrannt worden. Um diese Aufgabe zu erfüllen, sind Insassen benachbarter Konzentrationslager nach Kaunas gebracht worden. Welche Spuren vom Leben eines kleinen Mädchens namens Salomé Bernstein, das mit einer kleinen Trommel gespielt hat, sind hier noch erhalten? Hatte Gila vielleicht doch Recht, als sie mir davon abriet, nach Litauen zu fahren? »Es ist nichts mehr übrig geblieben.« Ich habe in meinem heutigen Leben nach Spuren dieser Vergangenheit gesucht und nur winzige Überbleibsel gefunden, aber seit ich hier nach denselben Spuren suche, sehe ich sie überall.

In den Silhouetten der Arbeiter auf dem Rollfeld des Flughafens, in denen der Frauen mit ihrem Einkaufstrolleys, die aus den Holzhäusern der *Demokratų gatvė* kommen, in denen der jungen Mädchen, die auf einem Monument mit unklarer Bedeutung sitzen, und in den Gesichtern dieser machtlosen Männer, die unbedingt vergessen wollen, dass hier Menschen gemordet haben und ermordet worden sind.

Meine Großmutter Ginda ist 2007 im Alter von neunundneunzig Jahren gestorben und meine Mutter Hélène 2001 im Alter von neunundsechzig. Ich habe noch immer ihre sanften, traurigen Stimmen im Ohr, die jedoch stets eine Spur fröhlicher klangen, wenn sie die Namen Raya und Macha aussprachen. Denn wenn Hélène und Ginda die Erinnerung an diese so lebenslustigen Frauen heraufbeschworen, konnten sie nie vergessen, dass Raya und Macha sich nach dem Tod von Salomé und Kalman fürs Leben und für die Liebe entschieden hatten, während Hélène und Ginda aufgrund derselben Toten in gewisser Weise aufs Leben und auf die Liebe verzichtet hatten.

Nach dem Krieg haben Myriam und Nahum zwei Kinder bekommen, Samuel und Faye. Samuel hat Lenny geheiratet, sie sind die Eltern von Jason und Marpessa und die Großeltern von Josh und Tom. Faye und ihr Mann Ira sind die Eltern von Daniel und Nicole. Salomés Mutter Raya und Elie Altmann haben einen Sohn bekommen, Benny. Benny ist der Vater von Merav und Raya und seit kurzem der Großvater von Yaël. Macha und David haben zwei Töchter bekommen, Miri und Gila, Miri ist mit Ran verheiratet, sie sind die Eltern von Noah und Shira und die Großeltern von Nina und Lili. Gila, die seit jeher alles wissen wollte, hat Dubi geheiratet, sie sind die Eltern von Aviv, Ben und Hadar. Ben ist der Vater der kleinen Lior. Gila hat mir über ihre Enkelin gesagt: »Ich habe sie für mein Leben gern.«

Dieses Buch war gerade fertig, als mir meine Schwester ein Foto brachte, das sie in Gindas Nachlass gefunden hatte. Ein Foto, das ich nie gesehen habe. Salomé trägt einen weißen Schlüpfer, kleine Schuhe und dazu passende Socken. In einer Hand hält sie einen kleinen Blecheimer. Mit der anderen hält sie sich an einem Kinderwagen fest. Sie steht lächelnd im Sonnenschein, blickt ein wenig zur Seite, hat das eine Bein nach hinten gestellt und das andere leicht nach innen gedreht. Auf der Rückseite des Fotos steht mit Bleistift in Gindas länglicher Handschrift: »Die deportierte Tochter meiner Schwester Raya«, ohne weitere Einzelheiten. Auf der Vorderseite sind Datum und Ort mit blauer Tinte angegeben. »A. Panemunė, 1. Juli 1939«. Es ist am selben Tag aufgenommen worden wie das Foto in meinem Schlafzimmer von Salomé mit ihren Eltern, die ich immer wieder vergeblich anflehe, geht weg von dort, geht weg. Ebenfalls mit blauer Tinte steht da noch in Großbuchstaben »Salomea« und auf Deutsch »2 Jahre, 4 Monate alt«. Zwei Jahre und vier Monate. Salomé Bernstein wurde Anfang März 1937 geboren und ist Ende

Oktober 1943 gestorben. Sie wäre heute fünfundsiebzig Jahre alt. Nun kann sie für mich endlich in Frieden ruhen.

Salomé Bernstein

Ich hätte dieses Buch nicht allein schreiben können. Mein Dank gilt daher Pierre Pachet für seine Lektürevorschläge und seine ermunternden Worte, Myriam Gershwin, Gila Pode, Miri Lerner, Faye Bodenstein, Benny Altmann und Yoav Halevy, die sich die Zeit genommen haben, mir die Geschichte unserer Familie so großzügig zu erzählen. Gilles Rozier, der die Briefe von Nahum Gershwin, Ginda Pachet, Raya Altmann und Macha Blumberg aus dem Jiddischen übersetzt hat. Manon Loizeau, Musa Gorina, Nadia Turincev und Pierre Pachet, die die Gedichte und Briefe aus dem Russischen übersetzt haben, den Historikern Laurent Joly, Michaël Prazan und Nadine Fresco für ihre Ratschläge, Sophie Avon, Laurence de Cambronne, Isabelle et Thierry Consigny, Juliette Bachet, Bali Barret, Charline Bougeois-Tacquet, Sandrine Brauer, Marine Doisy, Yves Harté, Juliette Joste, Martine Saada und Jean-Noël Pancrazi für ihre Liebenswürdigkeit und Manuel Carcassonne für seine Geduld.

Henri Minczeles, Yves Plasseraud, Suzanne Pourchier, *Les Litvaks: L'héritage universel d'un monde juif disparu*, La Découverte.

Pierre Pachet, *Autobiographie de mon père*, Autrement.

Michaël Prazan, *Einsatzgruppen, Sur les traces des commandos de la mort nazis*, Seuil.

Pascal Quignard, *Vie secrète*, Gallimard.

Jorge Semprún, *Schreiben oder Leben*, Suhrkamp.

Avraham Tory, *Surviving the Holocaust: The Kovno Ghetto Diary.* Edited by Martin Gilbert, Havard University Press.

Nicola Williams, Becca Blond, Regis St. Louis, *Estland, Lettland & Litauen*, lonely planet, Mairdumont.

Valérie Zenatti, *Mensonges*, Éditions de l'Olivier.

BIBLIOGRAPHIE

Christopher Browning, *Ganz normale Männer: Das Reserve-Polizeibataillon 101 und die »Endlösung« in Polen*, rororo.

Charlotte Delbo, *Trilogie Auschwitz und danach*, Band III: *Maß unserer Tage*, Fischer.

Annie Ernaux, *L'Autre fille*, Éditions Nil.

Alain Finkielkraut, *Der eingebildete Jude*, Hanser.

Nadine Fresco, *La mort des juifs*, Seuil.

Aba Gefen, *Ein Funke Hoffnung. Ein Holocaust-Tagebuch*, Bleicher Verlag.

David Grossman, *Écrire, écrire, pourquoi ?* Entretien avec Clémence Boulouque, Éditions de la Bibliothèque publique d'information/Centre Pompidou.

Wassili Grossman, Ilja Ehrenburg, *Das Schwarzbuch: der Genozid an den sowjetischen Juden.* Hrsg. der dt. Ausgabe: Arno Lustiger, Rowohlt.

Franz Kafka, *Das Schloss*, S. Fischer.

Camille Laurens, *Philippe*, P.O.L.

Albert Londres, *Jude wohin?*, Phaidon-Verlag.